员工帮助计划(EAP)
工作实务

王　科　主编

中国石化出版社
·北京·

内 容 提 要

随着工作生活节奏的不断加快，员工面临的工作压力、心理健康困扰等问题增多，EAP 作为提升员工身心健康的重要抓手，对激发干部员工干事创业动力、促进企业和谐奋进发展有着重要意义。本书聚焦如何将 EAP 从“概念”落地为“实效”，共包括 EAP 简介、EAP 与思想政治工作、EAP 与企业管理、EAP 与安全、EAP 与心理健康、EAP 与职业发展、EAP 与家庭建设、文化传承与 EAP 发展等八个章节。

本书提供了大量可借鉴的模板、实用工具和典型案例，旨在为读者提供一本即学即用的“操作手册”。

图书在版编目(CIP)数据

员工帮助计划(EAP)工作实务 / 王科主编.
北京 : 中国石化出版社, 2025. 8. -- ISBN 978-7-5114-8054-5
Ⅰ. F272. 921
中国国家版本馆 CIP 数据核字第 20257XV244 号

中国石化出版社出版发行
地址:北京市东城区安定门外大街 58 号
邮编:100011　电话:(010)57512500
发行部电话:(010)57512575
http://www. sinopec-press. com
E-mail:press@ sinopec. com
宝蕾元仁浩(天津)印刷有限公司印刷
全国各地新华书店经销
*
787 毫米×1092 毫米 16 开本 10. 25 印张 192 千字
2025 年 8 月第 1 版　2025 年 8 月第 1 次印刷
定价:49. 00 元

《员工帮助计划(EAP)工作实务》

编 委 会

主　　　编：王　科

副　主　编：孙海泽

编写组成员：高　洁　李　驯　于　航　王润润

马雪花　石连栋　李　晋　马常英

王安臣

主　　　审：郑玉奇

前　言

习近平总书记指出，“推进中国式现代化，必须坚持以人民为中心”❶。随着工作生活节奏不断加快，员工个人及其家庭所面临的工作压力、心理健康困扰、家庭关系紧张等问题，不仅直接影响个人与家庭成员的幸福感和生活质量，还会通过情绪传导影响员工工作表现、团队氛围和组织的整体效能。

员工帮助计划（Employee Assistance Program，EAP）作为一项专业、系统的组织支持资源，对提升个人身心健康、激发干部员工干事创业动力、促进企业和谐稳定发展有着重要意义。

虽然EAP的理念已逐渐被企业接受，但如何将其从“概念”落地为“实效”，如何真正发挥“EAP+”的功能，如何设计与实施符合组织文化、满足员工需求的EAP项目……这些实务层面的操作细节，往往才是困扰企业及EAP管理者的关键问题。

《员工帮助计划（EAP）工作实务》正是为了回应这些核心问题而编写，书中汇集了多位在EAP领域拥有丰富一线经验的专家、资深咨询师和EAP培训师的智慧与实践心得，力求超越理论概述，将重点放在EAP与思想政治工作、EAP与企业管理、EAP与安全、EAP与心理健康、EAP与职业发展、EAP与家庭建设等的实务操作、流程规范、工具应用和实践案例上。

书中提供了大量可借鉴的模板、实用工具和典型案例，旨在

---

❶习近平总书记在庆祝中华人民共和国成立75周年招待会上的讲话。

为读者提供一本即学即用的“操作手册”。无论是刚刚接触 EAP 的专员、负责推动 EAP 项目的管理者、提供 EAP 服务的专业人士，还是希望深入了解如何利用 EAP 提升组织效能的企业决策者，相信本书都能为您提供切实可行的指导和支持。

我们由衷地希望，通过推动 EAP 实务的规范化与专业化发展，能够助力更多组织构建健康、积极、高效的工作场所，最终实现员工个人价值与组织目标的和谐共赢。

谨以此书献给所有致力于员工福祉提升和组织健康发展的实践者。

目　　录

第三章 EAP 与企业管理

第四章　EAP 与安全

第五章　EAP 与心理健康

第六章　EAP 与职业发展

第七章　EAP 与家庭建设

第八章　文化传承与 EAP 发展

第一章 EAP简介

在当今复杂多变的职场环境中，EAP(EAP是Employee Assistance Program的简称，一般翻译为员工帮助计划)正在成为企业关注的焦点。本章将为您揭开EAP的神秘面纱，从EAP的起源讲起，追溯它如何从早期的心理援助演变为现代企业不可或缺的福利体系。深入剖析EAP与心理学的紧密联系与区别，探讨其服务范围，阐述EAP对组织及员工的价值。最后，介绍EAP的通用模式与实施原则，为后续的深入理解并应用奠定坚实的基础。

第一节　EAP的基本认知及其发展历程

一、EAP与心理学

1. EAP的概念

想象一下，如果有一个贴心的朋友，总能在你需要的时候伸出援手，不仅关心你的工作，还照顾到你的心情和家庭，那该多好！其实，这样的“朋友”真实存在，它就是EAP——员工帮助计划。

EAP就像是单位为大家准备的一份特别礼物，一个长期且系统的关怀方案。它请来了专业的团队，像医生给身体做检查一样，为单位进行全面的“心理健康体检”，也可以提出改善建议。不仅如此，EAP还直接为员工和员工的家人提供一对一的专业咨询，分享有用的知识，进行个性化指导，甚至安排培训，等等，全方位地帮助大家。有了EAP，单位里的氛围更加和谐，员工们在工作上更有动力，生活中也更加开心满足。这样一来，每个人都能在工作中呈现最好的自己，同时享受到满满的幸福感。

为了提高对EAP的认识，可以采取结构解析的方式加深对其的理解：

（1）EAP是系统、长期的心理援助服务项目；

（2）EAP是为企业（组织）、员工（干部）及其家庭主要成员服务的项目；

（3）EAP是由企业（组织）实施的项目；

（4）EAP是由具有EAP知识技能的人员提供服务的项目；

（5）EAP是由员工自我推介和管理者推介相结合使用的项目；

（6）EAP是通过调查评估、提供专业诊断建议以及宣传、指导、培训、咨询来进行的项目；

（7）EAP是提高员工生活质量和幸福感，促进企业持续健康发展的项目。

2. EAP的发展历程

说起EAP的发展历程，那可真是一段从萌芽到壮大的温馨故事。

起步阶段：想象一下，回到20世纪初的美国，那时候工业革命正如火如荼，但随之而来的不仅是生产力的飞跃，还有不少问题。工人们可能因为各种因素，比如生活压力、工作环境等，开始酗酒，这严重影响了工作效率和家庭和谐。于是，有先见之明的企业和组织开始关注这个问题，尝试通过一些措施来帮助员工摆脱酒精的困扰。这就是EAP最早的雏形，那时候它还很简单，但已经迈出了关怀员工的第一步。

扩展阶段：时间到了20世纪三四十年代，特别是“二战”期间，对军需物资的需求激增，工厂不得不提高生产效率。这时候，员工的心理健康和工作状态就显得尤为重要。一些企业开始正式引入 EAP 的概念，聘请专家为员工提供专业的咨询和帮助。这些措施大多是在秘密中进行的，但效果却非常显著，越来越多的员工开始受益。

成熟阶段：到了 20 世纪 50 年代，EAP 开始快速成长。随着相关研究和会议的增多，越来越多的企业和组织开始认识到 EAP 的重要性。同时，工会的参与也让 EAP 更加正规化和公开化。这时候的 EAP 已经不再局限于解决酗酒问题，而是扩展到了更广泛的心理健康和工作压力等方面。

全球化与普及：进入 21 世纪，随着经济全球化进程的加快和企业规模的不断扩大，EAP 迎来了新的发展机遇。越来越多的跨国企业开始关注 EAP 项目并将其作为企业文化的一部分。同时，一些国家和政府也开始积极推广 EAP 项目，认为它不仅能给企业带来收益还能给社会带来好处。如今 EAP 已经成为许多企业的标配。它的发展不仅反映了企业对员工心理健康关注程度的提升，也体现了心理健康在工作场所中的重要性。

EAP 的发展历程反映了社会对员工福利和组织效能的关注不断提升，以及对人类心理和行为的深入理解。未来，EAP 有望继续在多元化的领域发挥重要作用，为员工和组织的健康发展提供支持。

3. EAP 与心理学的区别

曾有人把 EAP 简单地等同于心理学，事实上，这二者既有紧密联系也有区别。首先我们来说心理学。心理学是与人类联系最密切的一门科学。例如，早晨醒来，看到阳光照在窗户上，听到各种声音，觉得被窝暖融融的……这就是各种各样的感觉和知觉。心里一下子想起昨天没有做完的工作，这就是记忆。考虑一下今天应该如何把工作做完，这就是思维和想象。你看感觉、知觉、记忆、思维和想象是不是像一个过程？是的，这就是我们人类对自身心理的认识过程。我们对事物的认识就是从这个基本的过程开始的。刚才心里想起的工作可能喜欢也可能不喜欢，但是必须下决心完成它，这就是我们的情感和意志。认识过程、情感过程、意志过程就构成了人心理活动的主要方面。人只要在脑袋清醒的状态下，每时每刻都在进行着这些活动。其实心理学就是一门把人的心理现象拿来进行研究的科学，研究人心理活动的表现形式和内容、规律和性质。

心理学的研究领域可以说是非常广泛、无孔不入，只要有人参加的实践活动，就是心理学的研究领域。人在不同的实践活动中，都有自己心理活动的特点，它都是心理学研究的领域。例如，航天心理学就是这样发展起来的。一般来说，可以把心理学的研究领域分为理论心理学与应用心理学两大类。

理论心理学就是在理论层面上就人的心理活动的共性规律进行研究，它主要包括普通心理学、实验心理学、认知心理学、人格心理学、社会心理学、比较心理学、生理心理学、发展心理学、变态心理学、心理测量学等分支领域。

应用心理学指的是在理论研究的基础上加以应用，强调的是应用层面。主要包括临床心理学、咨询心理学、教育心理学、学校心理学、组织心理学、广告心理学、消费心理学、司法心理学、犯罪心理学……不一而足。

其实，心理学研究领域只是相对地划分为以上两类，它们彼此之间关系非常密切，很难分得清楚。需要强调的是，心理学是离我们最近的一门科学，它具有十分广阔的研究领域，能为我们的心理健康提供更多的保障。

了解了心理学是什么，那 EAP 是不是就等同于心理学呢？这个问题问得可真好！确实，在当今社会，很多企业选择开展 EAP 项目，为员工提供精神福利，所以很多员工会把 EAP 简单地等同于心理学，或者心理咨询。

EAP 确实和心理学有着千丝万缕的联系，但它可不仅仅是心理学那么简单。想象一下，EAP 就是一把超级大伞，它下面聚集了心理学的智慧，还融合了管理学、社会学、组织行为学的好多精华。它就像是企业里的一个温暖小角落，专门为员工提供心理上的支持和帮助。

心理学是 EAP 的重要组成部分，它帮助 EAP 工作者更好地理解员工的心理状态，提供科学的心理咨询服务。但 EAP 还包含了更多，比如，通过专业人员的诊断和建议，改善工作环境，解决员工和家庭成员的心理和行为问题。它甚至还关注员工的职业发展，提供培训和指导，让大家的心理资本得到开发和增值。

北京师范大学心理学教授张西超老师曾说：“EAP 已经广泛被认可为是心理学、社会学、管理学、组织行为学、经济学等多种学科理论的交叉集成。就本质而言，EAP 是以应用心理学为技术支撑，最终落脚点在管理学。”

所以，EAP 就像是心理学和其他学科的完美融合，它不仅关注员工的心理健康，还致力于提升员工的工作绩效和幸福感。这样看来，EAP 是不是比单纯的心理学更加全面和贴心呢？

当然，在现代管理中的各种困惑面前，EAP 并非百病皆治的灵丹妙药，但它让我们从以前未尝试的角度，客观、系统、冷静、科学地审视管理中不得不面对的问题，应该说为我们搭建了一座员工和组织和谐高效成长的桥梁。然而，EAP 究竟在我们的管理中能发挥多大作用，这取决于我们对它把握的深刻程度，以及“善假于物”的能力。

其实，EAP 的服务范围广泛而细致，旨在全方位支持员工的心理健康和职业发展，促进组织健康发展，它的服务范围包括但不限于以下几个领域：

心理咨询：EAP 提供专业的心理咨询服务，帮助员工应对工作压力、情感困扰、家庭矛盾等各种心理问题。通过与专业心理咨询师的面对面交流或在线咨询，员工可以得到个性化的心理疏导、咨询和治疗方案，从而有效缓解心理压力，提升心理健康水平。

危机干预和紧急援助：EAP 还设有危机干预和紧急援助服务，以应对员工可能遇到的自杀倾向、意外事件后的心理创伤、家庭暴力或性侵等紧急情况。这些服务通常由专业心理咨询师提供，确保在员工面临危机时能够迅速给予必要的支持和指导。

职业咨询和发展：EAP 关注员工的职业成长，提供职业咨询和发展支持。员工可以通过 EAP 了解职业市场趋势、明确职业目标、制订职业规划，并获得职业转型、晋升等方面的指导和培训。这些服务有助于提升员工的职业竞争力，促进个人职业发展。

健康管理和生活方式指导：EAP 还关注员工的身体健康和生活方式，提供健康咨询、体检、健康测评等服务。员工可以通过 EAP 了解健康知识、改善饮食习惯、增加运动量，从而预防疾病、提升身体素质。此外，EAP 还提供生活方式指导，帮助员工建立良好的生活习惯，提高生活质量。

家庭关系支持：家庭关系对员工的工作和生活质量有着重要影响。EAP 提供家庭关系咨询服务，帮助员工解决家庭矛盾、改善夫妻关系、处理子女教育等问题。这些服务有助于员工建立和谐的家庭关系，为工作创造更好的心理环境。

其他个性化服务：除上述主要服务外，EAP 还可以根据员工的具体需求提供其他个性化服务。例如，针对特定群体(如女性员工、老年员工等)提供特别关怀和支持、组织团队建设活动、举办心理健康讲座、助力思想政治工作等服务方式。

综上所述，EAP 的服务范围涵盖了心理咨询、危机干预和紧急援助、职业咨询和发展、健康管理和生活方式指导以及家庭关系支持等多个方面，见图 1-1。这些服务旨在全方位地支持员工的心理健康和职业发展，提高员工的工作满意度和生活质量，从而推动企业的整体绩效提升。

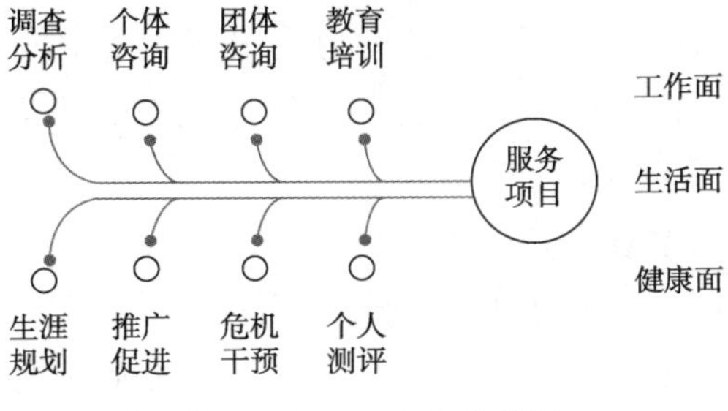

图 1-1　EAP 的服务范围

二、EAP 的本土化发展

EAP 起源于美国，来到中国后，中国 EAP 发展的历程就像是一场心理援助的“变形记”，经历了从引入到本土化，再到逐渐普及与深化的过程。下面来为您梳理一下这一幕幕剧情的发展。

1. 初来乍到，小心翼翼(引入期)

想象一下，EAP 这家伙就像是一位从海外远道而来的“心理顾问”，带着一身洋气的理念和技术，随着外资企业的进入而敲开了中国的大门。那时候，EAP 还是个新鲜玩意儿，大家对它都充满了好奇，但也有点摸不着头脑。不过，一些有远见的企业开始尝试引入 EAP，比如联想、西安杨森等，它们就像是中国 EAP 领域的第一批“吃螃蟹者”，为后来者探明了道路。

2. 本土融合，渐入佳境(发展期)

随着 EAP 在中国市场的逐渐渗透，它也开始学会“入乡随俗”。EAP 服务者们意识到，要想在中国站稳脚跟，就必须接地气，得了解中国人的文化和心理特点。于是，它们开始尝试将 EAP 与中医理念、传统文化相结合，推出了更符合中国人心理需求的心理援助服务。同时，政府也开始关注 EAP 的发展，出台了一系列政策鼓励企业引入 EAP。

2001 年 3 月，北京师范大学心理学院在联想集团有限公司客户服务部开展了国内企业的第一个完整的 EAP 项目，这也是第一个由国内心理学专家主持的 EAP 项目。这一项目完全打破了国外 EAP 的固定套路，创立了适合中国企业的独特心理帮助模式。2013 年 6 月，首届中国 EAP 行业峰会暨 EAP 中国分会成立大会在北京的中国科学院心理研究所隆重召开。之后，很多央企、国企也开始引入 EAP 项目。比如，2015 年中国石化党组就出台了 233 号文件《关于推广应用员工帮助计划(EAP)的指导意见》，梳理出了中国石化推广应用 EAP 工作流程，并逐年完善。

2021 年，中国石化胜利油田也出台了《胜利油田进一步推广应用员工帮助计划(EAP)实施方案》，强调要切实加强人文关怀和心灵关爱，持续借助 EAP 的方法、技术和手段，创新提升思想政治工作水平和成效，突出安全心理建设、外闯员工心灵关爱、骨干队伍建设等，全面助力油田高质量发展。可以说，在这个阶段，EAP 逐渐融入本土企业的实际并与其组织文化融合，极大地促进了组织建设。

3. 技术创新，引领潮流(创新期)

到了近几年，中国 EAP 的发展可以说是步入了快车道。随着大数据、人工智能等技术的飞速发展，EAP 也开始玩起了高科技。比如，有些 EAP 服务推出了基于移动互联网的口袋 EAP 产品，让员工可以随时随地享受心理援助服务。还有的推出人工智能 EAP 机器人，它不仅能识别用户的情绪，还能提供初步的心理辅导服务，简直就像是一位 24 小时在线的心理医生!

4. 普及深化，惠及万家(普及期)

展望未来，中国 EAP 的发展前景可以说是一片光明。随着社会对心理健康问题的日益重视，EAP 有望从大中型企业向小微企业甚至个体经营者普及，成为全社会关注员工福祉的重要方式。同时，EAP 服务的专业化程度也将进一步提升，包括提供更精准的心理测评、更专业的咨询服务以及更科学的压力管理方案等。

回顾中国 EAP 的发展历程，就像是一场从陌生到熟悉的旅程。从最初的试探性引入到现在的广泛普及和创新发展，EAP 不仅见证了中国企业对员工心理健康问题的日益重视，也展现了 EAP 这一服务模式在中国这片土地上的强大生命力和无限潜力。相信在不久的将来，EAP 将成为中国企业不可或缺的一部分，为构建和谐、健康的工作环境发挥更大的作用！

第二节　现代企业面临的心理困境与 EAP 的企业价值

一、现代企业面临的心理困境

想象一下，现代企业就像一艘在波涛汹涌的大海上航行的巨轮，而心理发展的困境，就像是那些时不时冒出来的“小暗礁”，让航行变得不那么一帆风顺。今天就给大家列举几个常见的心理暗礁。

1. 职场压力山大，心理防线告急

朋友们，你们是不是也常感觉自己像是一台永不停歇的机器？业绩指标、项目进度、客户期望……这些“大山”一座接一座地压过来，让人的心理防线直呼“吃不消”！长此以往，不仅工作效率打折，连笑容都可能变得比熊猫还稀缺呢。

2. 沟通时而不畅，导致误解丛生

在职场这个“大家庭”里，沟通不畅就像是家里的网络时不时“掉线”。你说你的，我理解我的，结果误会连连，就像是在玩一场没有默契的接力赛。这不仅影响团队氛围，还可能让合作变成“拆台大会”。

3. 心理健康，职场中的“隐形杀手”

你知道吗？抑郁、焦虑这些心理健康问题，就像是职场中的“隐形杀手”。它们悄无声息地侵蚀着员工的心理健康，让人在不知不觉中陷入情绪的低谷。而很多时候，由于大家对心理健康的认识还不够深入，这些问题往往被忽视或误解，真是让人既心疼又无奈。

4. 价值观冲突，团队里的“小剧场”

每个企业都有自己的文化和价值观，就像每个家庭都有自己的家规和家风。但当员工的个人价值观与企业文化发生冲突时，就像是上演了一场家庭内部的“小剧场”。大家各执一词，互不相让，不仅影响团队凝聚力，还可能让工作氛围变得紧张兮兮。

5. 不确定性焦虑，未来的“迷雾森林”

现代企业的外部环境变幻莫测，就像是一片充满不确定性的“迷雾森林”。市场波动、技术革新、政策调整、组织重构……这些因素就像是一阵阵突如其来的迷雾，让企业难以看清未来的方向。这种不确定性不仅考验着企业的战略眼光和应变能力，也让员工们感到焦虑不安，仿佛随时都可能迷失在这片“森林”中。

解决这些心理困扰，就像是清除巨轮航行路上的暗礁，需要企业积极采取措施，比如，提供心理健康支持、改善沟通渠道、确保工作生活平衡、进行压力情绪管理，等等，这样才能保证员工在职场的大海中更加从容，才能保证企业巨轮顺利地航行！

二、EAP 的企业价值

1. EAP 在企业层面的价值

北京师范大学心理学教授张西超总结说 EAP 在企业层面具有三重战略功能，我们把这三重战略功能比喻为 EAP 在企业的三大招式。图 1-2 为张西超关于 EAP 在企业层面三重战略功能的论述。

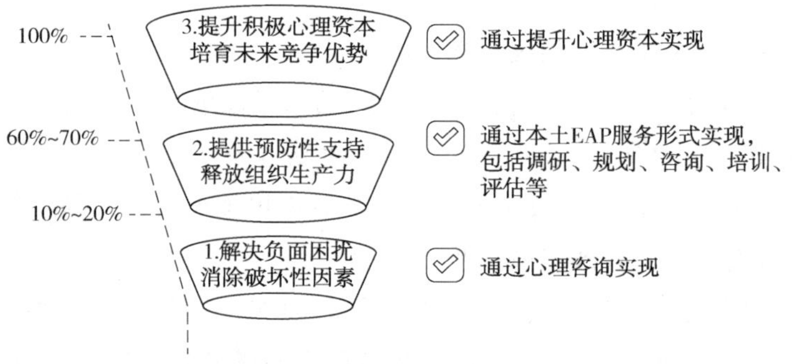

图 1-2　张西超关于 EAP 在企业层面三重战略功能的论述

第一招：烦恼终结者。EAP 就像企业的私人心理医生，专门对付那些让人头疼的问题。这一功能是最常见的 EAP 功能，可以称为“传统”招式或“基础”招式，这一招实际服务的人群占组织的 10%～20%，它的目标是让这些员工摆脱负面情绪的困扰，通过电话、面对面、网络或者团队辅导，帮助他们管理压力，就像给心灵做个 SPA。这招的精髓在于，它帮助企业避免那些可能因负面情绪而引发的法律、经济和道德风险，就像是给企业装了个风险防护罩。

第二招：生产力加速器。这一招有点不同，它关注的是预防，而不是治疗。60%～70%的员工都能享受到这种服务，它通过调研、规划、咨询、培训和评估等一系列服务，帮助员工保持身心健康，同时也给管理层提供管理建议。这就像是给企业打了一针强心剂，让组织活力满满，提升经济和人文指标，让企业的投资回报率飙升。如果说第一招的功能是立足于解决已有危机，那么第二招则是预防潜在风险、提升组织活力。

第三招：未来竞争优势的炼金术。这一招是近两年的新星，它基于心理资本的概念，认为这是企业未来竞争的关键。这招不仅关注能力，更关注如何培养能力。它帮助企业培养核心竞争力，让企业在中长期内获得回报。这就像是给企业的未来竞争力注入了魔法，让企业在追求绩效和人文关怀之间找到平衡，实现可持续发展。

总的来说，EAP 就像是企业的助手，不仅能够解决眼前的问题，还能够预防未来的挑战，同时还能为未来的胜利打下坚实的基础。这不仅仅是技术或模式的创新，更是对人力资本内在动力的深度挖掘，让企业在竞争中始终保持领先。

2. EAP 在员工层面的价值

从员工角度而言，EAP 就像是“心理按摩师”，它可以帮助员工从心灵上做深度 SPA，从而让工作更加高效，生活更加幸福。下面列举一部分 EAP“按摩师”对职工的帮助：

（1）提高员工工作效率及工作质量：通过解决员工的心理和情感问题，减少其工作压力和焦虑，提升员工的工作专注度和效率。员工能够以更加积极的心态面对工作，减少分心和拖延的情况，提高工作的准确性和质量，减少错误和失误的发生，从而更高效安全地完成任务。

（2）促进员工心理健康，预防心理疾病：帮助员工应对生活工作中的各种挑战，增强心理韧性和适应能力，促进心理健康。同时，早期发现和解决员工的心理问题，能够有效预防心理疾病的发生，保障员工的身心健康。

（3）提高工作满意度，降低员工流失率：当员工感受到组织对他的关心和支持时，会更加满意自己的工作环境和职业发展，增加员工对组织的归属感和忠诚度，从而降低员工的离职率。

（4）促进员工家庭和睦，改善夫妻和亲子关系：EAP 可以通过提供研讨会或工作坊、专业心理咨询、家庭咨询、亲子活动等方式促进家庭成员之间的理解。

（5）应对创伤后心理障碍，恢复正常生活：人生无常，我们难免遇到突发的创伤事件，比如亲人亡故、同事猝死、自然灾害等。许多创伤后的人恢复正常生活所需时间不长，但一些人却会因应激反应而无法恢复为平常的状态，甚至会随着时间推移而变得更加糟糕。所以及时处理这些应激事件，帮助当事人恢复正常生活显得尤为重要。从创伤事件开始直到当事人接受事实，EAP 咨询师进行适当的陪伴，从最初的关心、陪伴到倾听、沟通、关怀，同时积极了解其伤痛，寻找支持力量协助其自我治疗、学习和成长，发掘其内在资源，恢复积极心态，对当事人的恢复、成长和发展有很大帮助。

第三节　企业做 EAP 的模式

一、EAP 的通用模式

按服务来源划分，EAP 可以分为四种常用模式，就像你来到餐厅，有四种不同的菜单供你选择，分别是：

1. 内部模式

内部模式指组织内部设置专门机构，由内部专职人员负责 EAP 项目的策划和实施。这就像是自家厨房，由家里的大厨（专职人员）来烹饪。他们对家里人的口味（公司文化）了如指掌，做的菜（EAP 计划）自然更合口味。但有时候，大厨可能会因为太熟悉家里的食谱（公司环境）而缺乏新鲜感，而且，如果大厨是你的亲戚（同事），你可能会觉得有点尴尬，担心自己的饮食习惯（隐私）被泄露，而不愿意去使用 EAP 服务。

2. 外部模式

外部模式是组织将 EAP 项目外包，由外部的专业人员或机构提供 EAP 服务。这就像是聘请外面的专业厨师（外部专业人员）来你家为你们做菜。你不需要自己下厨（节省人力资源），而且因为厨师不是家里人（是外部来的第三方），你会觉得更自在，不用担心自己的饮食习惯被泄露，可以放心地向对方咨询并袒露自己的隐私，但缺点是，外面的厨师会有些小贵，而且厨师初来乍到，虽然菜品可能带来新鲜感，但他很难在短时间内了解你家里的口味状况，做的服务可能会欠缺针对性和深入性。

3. 联合模式

联合模式指若干组织联合成立一个专门为其员工提供 EAP 服务的机构，该机构配备专职人员，这就像是几家邻居合伙开餐厅，共享厨师和食材。这样大家都能省钱，但在中国，这种合伙餐厅（联合模式）不太常见。可能是因为邻居们（各个组织）对合伙餐厅的需求不一，或者在怎么分摊成本（人员配置、薪酬福利）上容易有争议，所以这种模式在中国不太常见。

4. 混合模式

混合模式是指组织内部 EAP 实施部门与外部的专业机构联合，共同为组织员工提供帮助。这就像是自家厨师和外请厨师的完美结合。家里的大厨（内部 EAP 部门）和外面的厨师（外部专业机构）合作，为你提供最美味的菜肴（EAP 项目）。这样既能保证菜品的专业水准，又能保持你对厨师的信任，而且还有家人（企业内的联系人）在旁边帮忙，确保一切都按照你的口味来。

二、EAP 实施的原则

1. 保密原则

想象一下，员工的心理问题就像是一个秘密任务，EAP 的保密原则就是保证秘密不外泄。员工们选择 EAP，就像是在选择一个可靠的盟友，他们首先会检查这个盟友的嘴巴是否足够严，能否保守住秘密。

2. 员工自愿原则

EAP 就像是员工的私人订制菜单，员工可以根据自己的口味随意点菜。组织和上级就像是服务员，他们可以推荐特色菜，但最终决定吃什么，还是得员工自己说了算。即使是在"特别推荐"的情况下，员工也有权说"不，谢谢，我今天想试试别的"。

3. 免费使用原则

EAP 就像是组织给员工的一张免费餐券，无论是心理咨询、团队辅导还是危机干预、团队培训，只要在规定的菜单范围内，员工可以尽情享受美食，不用掏腰包。但是，如果员工想要点一些菜单上没有的"特制大餐"，那就得自己买单了。有时候，员工可能会担心"免费的午餐"不够美味，这时候组织就得站出来，证明免费的午餐也可以是五星级的。

4. 员工知晓原则

EAP 就像是组织举办的一场盛大派对，但是派对的邀请函必须发给每一位员工。通过网站、宣传册、广告等形式，组织要确保每位员工都知道派对的存在，包括派对的主题、可以享受的美食和派对的规则。如果员工连派对都不知道，又怎么可能来参加呢?

5. 针对性原则

在这个世界上，每个人的心理状态都像是独一无二的艺术品，需要不同的颜料和画笔来描绘。EAP 就像是那个艺术家，它需要深入了解每位员工的需求、每个组织的需求，才能创作出最合适的作品。针对性原则就像是艺术家的画布，它决定了 EAP 如何根据组织和个人的需求，调配出最合适的色彩。

三、实施 EAP 项目的一般步骤

EAP 的实施也像其他任何活动一样，需要准备、实施与评估，其一般步骤包括以下几方面。

1. 实施前的准备

(1) 资料收集

收集和整理相关的政策、数据、报告等，了解组织运行结构、人员等情况。

（2）访谈

与利益相关方普遍访谈，包括组织的管理层、一线经理、员工，有必要的话，可以扩展到组织的客户和员工的家属。

（3）设计问卷

根据资料收集和访谈的情况，设计符合组织实际的调查问卷，并对问卷调查结果进行综合分析，为下一步制订实施方案奠定基础。

（4）制订 EAP 实施方案

EAP 的实施方案重点是要有明确的目标、清晰的实施路径、过程的质量控制、评估的方法和改进的措施，针对性和可操作性强。

2. 实施中的质量控制

（1）与员工建立良好的关系

最关键的是 EAP 专业人员与员工之间要形成高度信任的关系，这是 EAP 实施的基础。

（2）制订个性化的服务方案

EAP 专业人员应根据员工的不同情形与员工共同确定服务方案，而且要保持灵活性，根据情况的变化适时进行调整。

（3）保持与组织的有效沟通

对咨询过程中发现的问题、员工提出的建议和意见，以及需要组织调整资源的，EAP 专业人员都要及时与组织进行沟通，以获得组织的支持。

（4）阶段性总结

EAP 的实施一般至少都在一年，因此有必要对每一个阶段 EAP 实施的情况进行总结，以确保 EAP 实施的质量。

3. 实施后的评估

EAP 实施后的评估就是对 EAP 实施的情况进行综合分析，对照先前的方案进行检查和论证，看是否完成了目标、是否达到了预期目的、哪些方面需要完善，同时对可能影响企业绩效的问题进行分析，提出改进建议。图 1-3 为 EAP 实施的一般步骤。

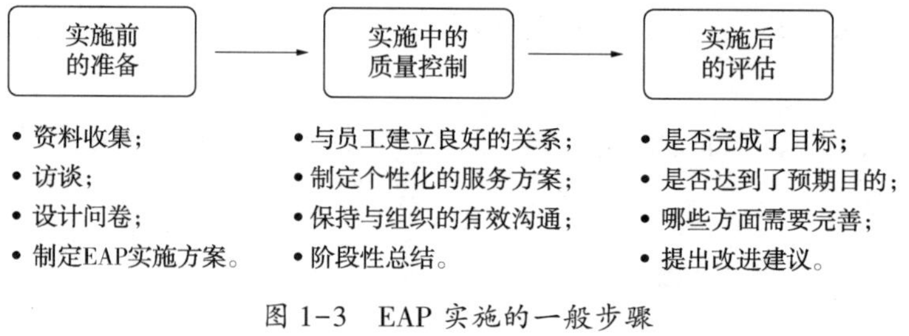

图 1-3　EAP 实施的一般步骤

四、EAP 项目的需求评估

1. 前期准备

要进行 EAP 需求评估，首先需要一个专家团队。一个优秀的 EAP 需求评估团队应该具备各专业的人才，比如，有会计人员进行成本收益分析；也应该有参与组织战略规划的成员参与其中，负责 EAP 的计划、政策及协调各方人员；有人员协调人力资源，也应该有生产或市场部门的人员，这些专业人员配合在一起才能成为高质量的需求评估团队。另外，还应该配备专业的 EAP 咨询顾问，他要站在中立、客观的角度辅助团队工作的开展。

此外，要确定评估的目标，评估旨在全面了解组织面临的困境及员工心理健康状况、识别主要心理问题及其成因，为 EAP 项目的设计与实施提供科学依据。

2. 数据收集

需求评估里囊括了大量的组织信息和数据，这些信息可以通过以下方式进行采集：

问卷调查：设计包含工作压力、心理健康、家庭支持、人际关系等多个维度的问卷，通过线上平台向全体员工发放，确保匿名性和保密性，以鼓励员工真实反映情况。

一对一访谈：选取不同职位、年龄段、性别的员工进行一对一深入访谈，了解他们对 EAP 项目的期望和建议。

团体焦点访谈：组织跨部门、跨层级的团体焦点访谈，围绕共性问题展开讨论，收集集体信息。

3. 数据分析

通过访谈记录和文档分析，对所有分类后的数据进行综合分析，找出共性问题和需求。这些问题和需求往往是企业内部普遍存在的，也是 EAP 项目实施时需要重点关注的。根据共性问题和需求的优先级，确定 EAP 项目实施的切入点。切入点应选择那些对企业运营影响最大、员工需求最迫切的领域。在确定切入点后，制订详细的实施计划，包括服务类型、服务范围、目标设定等。计划应明确实施步骤、时间表和所需资源，以确保项目顺利进行。

五、EAP 项目的效果评估

EAP 项目的效果评估指的就是通过科学的方法和技术对项目能为企业和员工带来的效果进行客观的评价，通俗点说，也就是看 EAP 的执行能否达到或者在多大程度上达到了项目的目标。张西超综合国内外的研究提出了可以从三个层面来进行 EAP 项目评估。

在心理与行为层面中，主要评估这次 EAP 项目是否有用，评估的内容主要集中在个人健康及行为、组织行为、管理优化方面。按照实验设计的方法来测量在幸福感、职业倦怠、自我效能、出勤率、工作绩效、工作满意度等指标上是否产生了变化。

在经济层面中，主要评估这次 EAP 项目是否具有价值，结合成本效益分析和成本效果分析的方法计算投资回报率，以此来分析这个项目在经济效益上是否有所收益。

在过程层面中，主要评估这次 EAP 项目的内容设计和执行质量，结合使用者主观评价与客观数据采集，对满意度、使用率、知晓率等指标进行测量，再用逻辑框架法、层次分析法等管理学方法来进行分析。需要特别提出的是，这里的满意度主要针对项目设计和执行本身，和心理与行为层面中对于项目效果的满意度是有区别的。图 1-4 为 EAP 效果评估框架。

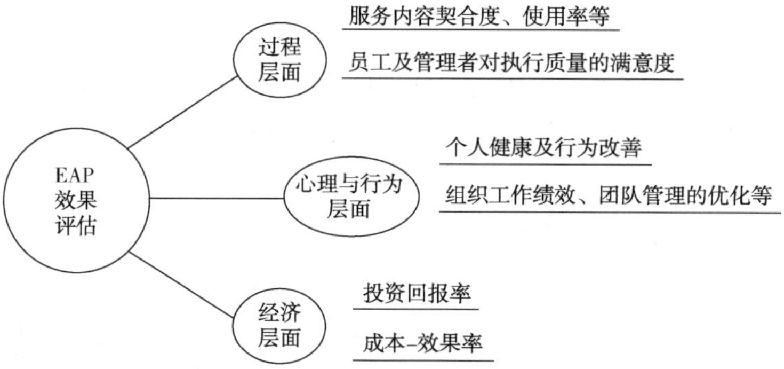

图 1-4　EAP 效果评估框架

但需要说明的是，迄今为止，国内外令人满意的 EAP 评估工具还不多见。就连张西超也说："EAP 的评估技术之复杂、执行之难，仍需研究者、实践者共同的智慧与决心。"不过，他也给了大家信心和方向，"EAP 并没有深奥的理论基础，重要的是实践与创新。"

小 结

经由本章的内容，我们基本了解了什么是 EAP、为什么要做 EAP、怎么做 EAP，当然这些都是关于 EAP 的基础知识，至于 EAP 在管理工作、思想政治工作，以及助力安全和家庭方面的具体运用，请继续阅读后面的章节。

第二章　EAP 与思想政治工作

本章将深入探讨EAP与思想政治工作的深度融合与创新应用，从剖析EAP工作与思想政治工作的内在联系出发，揭示二者相互促进的内在逻辑。而后讲心理技术聚焦在思想动态分析与员工疏导中的创新应用，比如测评量表、焦点谈话技术、三明治批评法，以及沙盘、OH卡牌、意象火柴等工具的巧妙运用。此外，还着重阐述了EAP在赋能思想政治工作者方面的应用，包括乔哈里之窗、绘画情绪释放法、GROW模型等，为思政工作者提供自我认知与能力提升的新视角和新方法。

第一节　EAP 工作与思想政治工作

一、思想政治工作的定义和作用

1. 思想政治工作的基本定义

思想政治工作是思想政治教育工作的简称，亦称思想工作或思想教育。它是一定的阶级和政治集团，为实现一定的政治目标，有目的地对人们施加意识形态的影响，以转变人们的思想和指导人们行动的社会行为。以人为本是思想政治工作的本质和内涵，着眼于促进人的全面发展，即教育人、引导人、鼓舞人、激励人、尊重人、理解人、关心人、帮助人。

2. 思想政治工作的作用

思想政治工作要提高说服力、增强影响力，与员工面对面、肩并肩、心连心，关注人、了解人是做好思想政治工作的前提和基础。

思想政治工作是国有企业的政治优势和鲜明特色，是企业管理工作中最普遍、最生动的工作，是解决职工群众思想认识问题的"传家宝"和"金钥匙"。

谈到思想政治工作的作用，就绕不开其与生产经营管理工作的关系。实践告诉我们，两者的关系要遵循"抓生产从思想入手，抓思想从生产出发"的原则，通俗地讲，抓政工抓到极致就是抓生产经营，抓生产经营抓到极致就是抓政工。

企业思想政治工作是让人快乐地、没有后顾之忧地做好应该做的事，也即，让人愿意去干工作（即开展思想引导）、让人快乐地去干工作（即组织文化、体育等活动）；让人没有后顾之忧地去干工作（即解决实际问题）。

二、EAP 与思想政治工作的关系

1. 思想政治工作与 EAP 的内在联系

思想政治工作与 EAP 虽然起源于不同的背景，但它们在某些方面存在内在联系。在中国，思想政治工作是中国共产党的一项重要工作，它旨在通过教育和引导来加强党的思想领导、维护社会稳定以及促进社会主义核心价值观的传播。而 EAP 则是一种现代人力资源管理工具，主要目的是帮助员工解决个人问题，如心理健康、家庭关系等，从而提高工作效率和生活质量。

两者之间的内在联系可以从以下几个角度来探讨：

以人为本：无论是思想政治工作还是 EAP，都强调以人为核心，关注人的全面发展。思想政治工作注重提升个体的思想觉悟和社会责任感；EAP 则侧重于帮助员工处理工作和生活中的实际困难，增强其应对压力的能力。

促进和谐：思想政治工作的目标之一是构建和谐社会，这包括企业内部环境的和谐；EAP 对员工的支持，有助于减少职场冲突，增进同事间的相互理解和支持，进而促进组织内的和谐氛围。

心理关怀：随着对心理健康重视程度的提高，思想政治工作中也逐渐融入了更多关于心理健康的元素；EAP 专业提供心理咨询等服务，可以视为对这一趋势的具体实践。

提升效率：良好的思想政治状态能够激发员工的积极性和创造力，为企业发展贡献力量；同样地，通过 EAP 提供的支持，帮助员工克服障碍后，也能显著提升他们的工作效率及团队协作能力。

适应变化：面对快速变化的社会经济形势，思想政治工作需要不断创新形式内容以保持活力；EAP 也需要根据时代特点调整服务模式，更好地满足员工需求。

尽管思想政治工作与 EAP 有着各自独特的侧重点，但在促进个人成长、维护社会稳定等方面存在着相通之处。实践中可以探索如何将两者有机结合，共同服务于构建积极向上的工作生活环境。

2. EAP 助力思想政治工作

随着企业改革的不断深入，生产经营、安全管理、改革发展、和谐稳定等面临新挑战，员工工作生活压力增大、各种心理问题增多，更多的需求已上升到心理需求层面。

思想政治工作和 EAP 有着相同的服务对象和目标，且思想和心理都是精神范畴。两者都是面向企事业单位全体员工，都是为了启发人、引导人、激励人。思想政治工作的对象是人的思想，EAP 服务的对象主要是人的心理。心理是思想的基础，思想的形成又交织着各种心理因素。思想和心理都归属于人特有的思想意识。

思想政治工作的目的在于塑造和改造人的思想，从而改变人的行为，组织和个人行为改变的同时促成组织关系和个人绩效的改变。

EAP 工作的目的在于通过某种手段或方法帮助人树立或改变认知，EAP 中有许多方法和技术能够被应用到思想政治工作中。EAP 可以通过多种方式助力思想政治工作，特别是在提高员工的心理健康水平、增强团队凝聚力以及促进积极向上的企业文化等方面。下面是一些具体的途径：

助力员工思想动态分析：在快速迭代的商业环境与员工心理需求日趋复杂化的宏观背景下，企业思想政治工作正面临着一系列新的考验与挑战。传统的、以单向说教为主的工作模式，已难以满足当前多元化、个性化及精细化的管理需求。在此背景下，EAP 的引入，特别是将心理测评工具创新性地应用于员工思想动态分析中，成为提升企业思想政治工作针对性、实效性和人性化的重要突破口。

助力员工心理疏导技能提升：EAP 提供的心理咨询服务可以帮助员工处理个人问题，减轻压力和焦虑。这不仅有利于员工的个人福祉，也有助于营造一个更加稳定和谐的工作环境。通过定期举办心理健康讲座或培训，增强员工对心理健康的认知，培养他们面对挑战时的积极态度。教授有效的沟通方法，改善上下级之间及同事之间的交流，减少误解和冲突，有助于构建开放包容的企业文化。通过团建活动等非正式场合增进了解，加强团队协作精神，这也是思想政治工作中强调的重要内容之一。

多维度的积极影响：EAP 通过工作环境心理学化布置、与团队建设活动的深度融合，全方位地助力企业思想政治工作，实现了员工心理健康、团队协作与思政工作效果的共同提升。通过工作环境心理学化布置，EAP 不仅关注员工的心理需求，还致力于构建一个既促进心理健康又支持高效工作的物理空间。这样的环境设计有助于缓解工作压力，提升员工的幸福感和满意度，为思政工作奠定良好的心理基础。EAP 与团队建设活动的深度融合，实现了心理健康与团队协作的双重提升。通过精心设计的团队建设活动，EAP 不仅增强了员工之间的沟通与信任，还促进了团队成员之间的心理支持，形成了积极向上的团队氛围。这种氛围为思政工作提供了有力的支撑，使得思政工作者能够更有效地传递正能量，引导员工形成正确的价值观和职业态度。

赋能思想政治工作者：EAP 为思想政治工作者提供了全面的赋能和支持。这些方法不仅提升了思想政治工作者的个人素养和专业技能，还促进了团队的整体发展和企业的持续进步，为企业的思想政治工作注入了新的活力和动力。例如，通过引入绘画情绪释放法，EAP 为思想政治工作者提供了一种创新的情绪管理工具，帮助他们更好地理解和处理自身及团队成员的情绪问题。这种方法不仅促进了个人心理健康，还提升了思想政治工作者的情绪智力，使他们能够以更加敏锐的直觉和更具同理心的态度去倾听员工的心声，提供更为精准和贴心的支持。GROW 模型的应用，为思想政治工作者提供了高效带领团队的实践策略。该模型通过明确目标、分析现状、探索选择和制订行动计划四个步骤，引导思想政治工作者系统地思考和解决问题，提升了他们的领导力和团队协作能力。这使得思想政治工作者能够更加有效地引领团队，激发员工的积极性和创造力，推动思政工作与业务工作的深度融合。

因而，EAP 不仅能够直接提升和改善员工的工作效率和生活质量，还能间接地支持思想政治工作的实施。两者相结合可以形成一套更为全面有效的管理体系，既注重个体的发展需求也兼顾集体的利益目标。在实际操作过程中，可以根据企业的具体情况灵活调整方案，确保各项措施得到有效落实。

第二节 心理技术在思想动态分析中的创新应用

心理测评工具在企业思想政治工作中的应用，是基于心理学原理，通过科学测评了解员工的心理状态、行为倾向、价值观等，从而为企业思想政治工作提供有力支持。以下是一些常用的心理测评工具和方法。

一、常见心理测评量表

1. 心理健康测评

SCL-90(症状自评量表)：全面评估员工的心理健康状况，包括抑郁、焦虑、强迫症状等多个方面，及时发现员工的心理问题，提供及时的心理干预。

PHQ-9(抑郁筛查量表)：专门用于筛查抑郁症状，帮助员工了解自己的抑郁程度，为企业提供针对性的心理辅导建议。

2. 工作满意度与职业倾向测评

工作满意度量表：评估员工对工作环境、薪酬福利、职业发展等方面的满意度，为企业改进员工关怀措施提供依据。

3. 霍兰德职业兴趣测试

评估员工对不同职业类型的兴趣程度，帮助企业了解员工的职业倾向，为职业规划提供科学依据。

二、心理测评量表操作流程与步骤

将心理测评工具创新性地应用于企业思想政治工作，需要遵循一定的操作流程和步骤，以确保测评的准确性和有效性。以下是一个基本的操作流程。

1. 需求分析与方案设计

明确测评目的：企业思想政治工作者需要明确测评的目的和需求，是了解员工的心理健康状况，还是评估员工的工作满意度、职业倾向等。

选择测评工具：根据测评目的，选择合适的测评工具和方法。需要考虑测评工具的适用性、信度和效度等因素。

设计测评方案：结合企业实际情况，设计详细的测评方案，包括测评时间、地点、方式等。

2. 测评实施与数据收集

准备测评材料：根据测评方案，准备相应的测评材料和工具，如测评问卷、量表等。可以问卷测评或网络端测评。

实施测评：在适宜的环境中，指导员工正确填写测评问卷或量表，确保测评过程的顺利进行。

数据收集：及时收集测评数据，并进行初步整理和筛选，确保数据的完整性和准确性。

3. 数据分析与解读

数据分析：利用统计软件或专业工具对收集到的数据进行处理和分析，如计算平均分、标准差等统计指标。

结果解读：根据数据分析结果，结合心理学原理和方法，对测评结果进行解读和解释。需要注意避免主观臆断和误导性解释。

4. 结果反馈与干预

个性化反馈：根据测评结果，向员工提供个性化的反馈和建议，帮助他们了解自己的心理特点和需求。

制订干预计划：对于存在心理问题的员工，制订针对性的干预计划，如心理咨询、心理辅导等。

跟踪评估：对干预效果进行跟踪评估，了解员工的改变和进步情况，及时调整干预计划。

5. 总结报告与持续优化

撰写报告：根据测评结果和干预效果，撰写详细的总结报告，包括测评目的、方法、结果、建议等。

分享交流：将总结报告与同事、领导等进行分享和交流，共同探讨测评工具在企业思想政治工作中的应用经验和教训。

持续优化：根据总结报告和反馈意见，对测评方案进行持续优化和改进，提高测评的准确性和有效性。

三、心理测评量表实施效果与影响

心理测评工具在企业思想政治工作中的创新应用，能够显著提升企业思想政治工作的针对性和实效性，具体表现在以下几个方面。

1. 员工层面

提升自我认知：通过测评，员工能够更深入地了解自己的心理特点和需求，增强自我认知和自我管理能力。这有助于他们更好地应对工作和生活中的挑战，提高个人综合素质和竞争力。

促进心理健康：测评工具的应用有助于员工及时发现自己的心理问题，并获得及时的干预和帮助。这有助于预防心理问题的恶化和扩散，促进员工的心理健康发展。

明确职业规划：通过职业倾向测评，员工能够更清晰地了解自己的职业倾向和兴趣所在，为未来的职业规划提供科学依据。这有助于减少员工职业选择的盲目性和随意性，提高员工的职业满意度和幸福感。

2. 企业思想政治工作层面

提高教育针对性：测评工具的应用使企业思想政治工作者能够根据员工的心理特点和需求制订个性化的教育培训方案，提高企业思想政治工作的针对性和有效性。这有助于减少传统教育方法中的盲目性和"一刀切"现象，提高教育效果。

增强教育科学性：测评工具的应用使企业思想政治工作更加科学化和精细化。企业思想政治工作者能够依据测评结果和数据进行分析和判断，制订更加科学合理的教育策略和方法。这有助于提高企业思想政治工作的科学性和严谨性，减少主观臆断和误导性教育。

促进企业与员工沟通：测评工具的应用为企业思想政治工作者和员工之间提供了一个新的沟通渠道和平台。通过测评结果的反馈和解释，企业思想政治工作者能够更好地了解员工的内心世界和需求，为员工提供更加贴心和关怀的教育服务。这有助于增强企业与员工之间的信任和互动，促进企业文化的和谐发展。

3. 组织层面

提升组织凝聚力：通过测评，企业能够更全面地了解员工的心理状态和需求，为制订更加合理的人力资源政策和教育政策提供依据。这有助于提升组织的凝聚力和向心力，促进组织的稳定和发展。

优化人力资源配置：测评工具的应用有助于企业更加合理地配置人力资源，如心理咨询师、心理辅导师等。这确保员工在需要时能够及时获得专业的心理支持和帮助，有助于人力资源的利用效率提高和效果提升。

推动企业文化建设：测评工具的应用有助于推动企业文化的建设和发展。通过关注员工的心理健康和需求，企业能够营造更加积极向上、关爱员工的文化氛围。这有助于提高员工的归属感和忠诚度，促进企业的长期稳定发展。

综上所述，心理测评工具在企业思想政治工作中的创新应用具有显著的优势和价值。通过合理选择和应用测评工具，企业思想政治工作者能够更深入地了解员工的心理特点和需求，制订个性化的教育方案，提高企业思想政治工作的针对性和有效性。同时，测评工具的应用还能够促进员工的全面发展，提升企业的凝聚力和向心力，为企业的稳定和发展提供有力支持。因此，企业应积极探索和应用心理测评工具，不断提升企业思想政治工作的科学性和实效性。

第三节　心理疏导新篇章：EAP 在员工关怀中的创新应用

在当今快节奏、高压力的企业环境中，员工的心理健康问题日益凸显，成为影响工作效率和组织氛围的关键因素。为了有效应对这一挑战，企业越来越注重采用专业的心理学技术为员工提供一对一的心理疏导服务。在企业一对一员工心理疏导中，经典的心理学技术发挥着重要作用。

一、焦点谈话模型引导下的员工情绪疏导

| 案　例 |

在某公司的某部门，随着业务扩展，员工压力日益增大。小张，一名年轻员工，因工作任务繁重和职业前景不明，情绪逐渐低落，工作效率和人际关系受影响。部门李书记注意到小张的变化，决定运用焦点谈话模型对其进行情绪疏导。

在部门小会议室，李书记以温和关切的语气开场，接纳小张的情绪，并通过共情建立信任。在李书记的引导下，小张逐渐敞开心扉，分享了自己的感受和想法。通过深入探索问题，小张明确了自己的困境所在。最终，他们一起制订了具体的行动计划，包括心态调整、工作效率提升和同事沟通等方面。谈话结束后，小张情绪得到疏导，找到了解决问题的方法和方向，重拾工作热情和动力。

1. 技术介绍

焦点谈话模型是一种有效的情绪疏导和问题解决技术，强调接纳情绪、共情、探索问题、设定目标与行动计划等步骤。通过这一模型，思政工作者可以帮助员工识别和管理情绪，明确问题，制订解决方案，从而促进个人成长和团队和谐发展。

2. 技术步骤

（1）开场与建立联系

邀请员工到安静舒适的环境进行谈话。

准备好相关资料作为辅助工具。

以温和关切的语气开场，表达关心，明确谈话目的。

（2）接纳情绪与共情

承认并接纳员工的情绪，用理解的话语让其感受到被接纳。

尝试从员工角度理解其情绪和需求，用共鸣的话语表达支持。

(3) 探索问题与需求

使用开放式问题，鼓励员工分享更多信息。

耐心倾听，给予积极反馈和鼓励。

帮助员工梳理和明确具体问题及困境。

(4) 设定目标与行动计划

与员工一起制订明确、可衡量的短期和长期目标。

根据目标，制订具体行动计划，包括步骤、时间表和责任人。

提供必要的支持和资源，帮助员工实施行动计划。

(5) 结束与后续跟进

总结谈话主要内容和达成的共识。

约定下次谈话时间或方式，以便了解员工进展和需求。

(6) 注意事项

保持耐心、真诚和关注，避免打断员工话语。

尊重员工隐私和个人空间，灵活调整谈话内容和方式。

3. 应用场景

员工情绪波动时：当员工因工作压力、人际关系或个人问题导致情绪波动时，焦点谈话模型可以帮助思政工作者及时介入，疏导员工情绪，防止问题进一步恶化。

团队冲突解决：在团队中出现冲突或矛盾时，焦点谈话模型可以作为一种有效的沟通工具，帮助双方理解彼此立场和需求，找到共同的解决方案。

职业发展指导：在员工面临职业发展困惑或挑战时，焦点谈话模型可以帮助思政工作者引导员工明确职业目标，制订发展计划，提升职业素养和竞争力。

绩效反馈与辅导：在进行绩效反馈时，焦点谈话模型可以帮助思政工作者以更加积极、建设性的方式与员工沟通，指出问题所在，同时提供具体的改进建议和支持。

4. 应用效果

提升员工情绪管理能力：通过焦点谈话模型的引导，员工能够更好地识别和管理自己的情绪，减少因情绪波动导致的负面影响。

增强团队凝聚力：焦点谈话模型有助于解决团队冲突，改善人际关系，从而增强团队的凝聚力和协作效率。

促进个人成长与发展：通过明确职业目标和制订发展计划，员工能够在焦点谈话模型的引导下实现个人成长和职业发展，提升职业素养和竞争力。

提高绩效表现：焦点谈话模型能够帮助思政工作者更有效地进行绩效反馈辅导，帮助员工明确问题所在并制订改进计划，从而提高整体绩效表现。

综上所述，焦点谈话模型在员工情绪疏导、团队冲突解决、职业发展指导和绩效反馈与辅导等多个场景中都具有广泛的应用价值，能够为企业和员工的共同发展提供有力支持。

二、三明治批评法在员工批评教育中的应用

在日常企业管理中，如何有效地进行员工批评教育，既指出问题又不挫伤员工的积极性，是一项重要且敏感的任务。接下来我们通过一个案例了解三明治批评法。

| 案　例 |

在繁华的都市中心，有一家知名的广告公司，其中有一位名叫小林的创意设计师，他以独特的视角和无限的创意赢得了客户的一致好评。然而，在最近的一个大项目中，小林的表现却让人有些失望。

这个项目是为一家高端时尚品牌设计新季度的广告海报。小林在初期提出的几个创意方案都让人眼前一亮，充满了新鲜感和艺术感，赢得了客户的高度认可。他的创意和热情让整个团队都为之振奋。

然而，随着项目的深入，问题逐渐浮现。小林在细节处理上显得有些粗糙，导致海报的成品在印刷时出现了色彩偏差和排版错误。这些问题虽然不算严重，但对于追求完美的客户来说，却是无法接受的。

面对这样的情况，项目经理张姐决定采用三明治批评法与小林进行沟通。

张姐首先肯定了小林的创意和贡献："小林，你的创意真的是太棒了！每次看到你的作品，都能让我眼前一亮。这次的海报设计，客户对你的创意方案赞不绝口，说我们的团队真是才华横溢。"

听到这里，小林原本紧张的表情渐渐放松下来，露出了自豪的笑容。

接着，张姐话锋一转，但语气依然温和："不过，在细节处理上，我觉得我们还有提升的空间。这次的海报在印刷时出现了一些小问题，虽然不影响整体效果，但客户对此还是有些不满。我知道，你一直都是个追求完美的人，这次可能是时间太紧，没能顾得上。但细节决定成败，我们下次一定要更加注意。"

小林听了，点了点头，表示认同。

最后，张姐用鼓励的话语结束了对话："小林，你的才华和创意是我们团队的宝贵财富。我相信，只要你稍微调整一下工作方式，更加注重细节，我们一定能一起创造出更多令人惊艳的作品。我对你有信心，也相信我们的团队能够克服一切困难，走向更大的成功。"

这次谈话后，小林深受鼓舞，不仅在细节处理上更加用心，还主动提出了一些改进工作流程的建议。团队的合作也因此变得更加顺畅，项目的质量也得到了显著的提升。

1. 三明治批评法的步骤与操作技巧

三明治批评法是一种高效的沟通方式，其核心在于将批评内容巧妙地夹在两个表扬之间，形成三层结构：肯定—批评—鼓励。以下是具体的步骤和操作技巧：

（1）肯定与赏识

首先，明确而具体地表扬员工的优点、成就或积极的工作态度，让对方感受到被认可和被尊重。这有助于建立信任，减少对方的防御心理。

（2）批评与建议

在肯定之后，客观、具体地指出问题所在，避免使用攻击性或模糊的语言。同时，提出建设性的改进建议，帮助员工理解问题并找到解决方案。

（3）鼓励与支持

最后，以积极、正面的态度结束对话，给予员工信心和支持，让他们看到改进后的美好前景。鼓励员工继续发挥优势，克服不足。

2. 三明治批评法的使用效果

三明治批评法在实际应用中展现出了显著的效果，主要体现在以下几个方面：

（1）减少抵触情绪：通过先表扬后批评的方式，有效降低了员工的抵触情绪，使他们更愿意接受批评并做出改变。

（2）增强自信心：及时的肯定和鼓励增强了员工的自信心，让他们在面对问题时更有勇气和动力去寻求解决方案。

（3）促进沟通：这种沟通方式营造了良好的对话氛围，促进了上下级之间的有效沟通，增强了团队的凝聚力和向心力。

（4）提升业绩：通过指出问题并提供改进建议，员工能够明确自己的不足并努力改进，从而提升个人和团队的业绩水平。

综上所述，三明治批评法是一种高效、人性化的员工批评教育方式，它不仅能够有效地指出问题，还能激发员工的积极性和创造力，为企业的持续发展奠定坚实的基础。

三、思政工作者做员工疏导工具箱

（一）沙盘

| 案 例 |

在某科研所中，员工们因工作繁忙而交流减少，团队氛围沉闷，影响了工作效率和员工心理健康。为改善这一状况，企业引入了 EAP 项目，并将沙盘游戏作为思想政治工作的一项创新工具。

沙盘游戏开始前，沙盘上是一片空旷的场景，只有几片零散的沙土和几个孤立的模型，象征着员工们之间缺乏交流和联系的状态。每个小组在沙盘上摆放模型时，起初都显得有些拘谨和分散，各自为政。沙盘上的场景显得杂乱无章，缺乏整体性和协调性。

然而，随着游戏的深入，员工们开始积极参与，互相讨论、协商，共同决定沙盘上每个元素的摆放位置。他们逐渐发现了彼此之间的共同点，开始互相理解、支持，并在某些问题上达成了共识。沙盘上的模型也逐渐形成了一个个富有创意和团队特色的场景。

经过一番努力，沙盘上的场景发生了翻天覆地的变化。原本空旷的沙盘现在变得生机勃勃，各种模型错落有致地摆放在上面，形成了一个和谐、有序的整体。有的小组构建了一个协作办公区，员工们围坐在一起，共同讨论工作问题；有的小组则打造了一个休闲放松区，员工们在这里可以尽情享受闲暇时光，缓解工作压力。

游戏结束后，员工们纷纷表示，通过沙盘游戏，他们不仅更好地了解了彼此的想法和需求，还学会了如何在团队中发挥自己的优势，与团队成员协作共赢。沙盘前后的对比，生动地展示了员工们从陌生疏离到凝聚的过程，也证明了沙盘游戏在促进团队凝聚力和向心力方面的显著效果。

这次沙盘游戏的应用，成功地消除了员工之间的隔阂，促进了彼此之间的交流与理解。团队氛围变得更加活跃和融洽，员工们的工作积极性和创造力也得到了显著提升。此后，该企业将沙盘游戏作为思想政治工作的一项常规活动，定期组织员工参与，以持续提升团队的凝聚力和向心力。

1. 沙盘技术

沙盘技术又称为沙盘游戏疗法，是一种以荣格心理学原理为基础的心理治疗方法。它通过在盛有细沙的特制箱子（沙盘）中摆放各种小物件（沙具），如人物、动物、建筑物、自然元素等，来模拟现实生活中的场景和情境，帮助个体进行心理探索、情感表达和内心对话。沙盘技术为体验者提供了一个自由、受保护的空间，使他们能够绕过意识层面的阻抗，直接进入潜意识层面，实现心灵的沟通与自我疗愈。

2. 沙盘可以达到的效果

（1）情感释放与压力缓解：沙盘技术为员工提供了一个非言语表达的平台，使他们能够安全地释放内心的情感和压力。通过摆放沙具和讲述故事，员工能够更直观地面对和处理自己的情绪问题，从而达到情感宣泄和压力缓解的效果。

（2）自我认知与成长：在沙盘创作过程中，员工需要不断思考、选择和调整沙具的位置和组合，这一过程促进了他们的自我探索和认知。通过带领者的引导和反馈，员工能够更深入地了解自己的内心世界，发现潜在的问题和挑战，进而实现自我成长和疗愈。

(3) 沟通与协作能力提升：虽然沙盘技术在一对一员工心理疏导中主要关注个体成长，但其背后的沟通和协作原则同样适用于团队层面。通过沙盘游戏的形式，可以促进团队成员之间的非言语沟通和相互理解，增强团队凝聚力和合作精神。当员工将沙盘技术中的经验应用到实际工作中时，他们的沟通与协作能力也会得到提升。

(4) 整体心理健康水平提高：长期接受沙盘技术治疗的员工在心理健康水平方面会有显著提升。他们不仅能够更好地管理情绪和压力，还能在面对挑战时采取积极的心态和有效的应对策略。此外，沙盘技术还有助于提升员工的自我效能感和自信心，使他们更加勇敢地面对工作和生活中的各种问题。

(二) OH 卡牌(潜意识直觉术)

| 案　例 |

某企业党支部的张书记注意到员工小王近期工作状态不佳，经常显得心事重重。为了深入了解小王的情况，及时给予帮助和支持，张书记决定采用 EAP 项目中的 OH 卡牌作为一对一谈心谈话的辅助工具。

张书记邀请小王来到安静的办公室，张书记简要介绍了 OH 卡牌的使用方法，并告诉小王这次谈话的目的是更好地了解他的心理状态，帮助他解决工作中遇到的问题。

小王有些紧张地抽取了一张卡牌，上面画着一个人在山路上艰难前行，词汇是“挑战”。看着这张卡牌，小王沉默了一会儿，然后低声说道：“这张卡牌让我想到了自己现在的工作状态。最近我遇到了很多困难，感觉就像这个人在山路上一样，每一步都走得很艰难。但是，‘挑战’这个词也让我意识到，这些困难也许是我成长的机会。”

张书记认真倾听，不时点头表示理解。他鼓励小王继续分享自己的感受和想法，同时给予积极的反馈和建议。在 OH 卡牌的引导下，小王逐渐敞开了心扉，向张书记倾诉了自己在工作中遇到的挑战和困惑。

通过这次一对一谈心谈话，张书记不仅深入了解了小王的心理状态和需求，还成功地引导他正视工作中的挑战，激发了他的积极性和创造力。小王表示，这次谈心谈话让他感受到了企业的关怀和支持，也让他更加明确了自己的工作目标和方向。

此后，张书记继续关注小王的工作状态，定期与他进行一对一的谈心谈话。这一举措不仅帮助小王解决了工作中的问题，还提升了他的心理健康水平，增强了他的工作动力和归属感。同时，这也为企业的思想政治工作提供了新的思路和方法，推动了企业的持续健康发展。

1. OH 卡牌介绍

OH 卡牌（OH Cards），为潜意识直觉卡，是一种心理学工具，由两组各 88 张的卡牌组成：一组是包含日常生活各个层面的水彩画图案的图卡，另一组则是提供背景或情境描述的文字词卡。OH 卡牌通过图卡与词卡的自由组合，激发个体的创造力和想象力，促进自我认知和潜意识探索。它不同于传统的心理咨询方法，以非言语的方式触及个体的内心世界，帮助个体了解自己的情感、需求及潜在的心理动机。OH 卡牌因其小巧便携，也被称为“口袋沙盘”，广泛应用于个体心理咨询、团体辅导及自我成长等领域。

2. OH 卡牌应用效果

（1）情绪管理与压力缓解

OH 卡牌通过非言语的方式帮助员工表达和释放情绪，有效缓解工作压力和负面情绪。通过 OH 卡牌的意象和故事，员工能够更好地理解和接纳自己的情绪状态，找到情绪管理的有效方法。

（2）自我认知与成长

OH 卡牌促进了员工的自我探索和认知，帮助其发现潜在的心理需求和动机。在 OH 卡牌活动中，员工通过反思和对话深化了对自我的理解，促进了个人成长和发展。

（3）沟通与协作能力提升

OH 卡牌活动为员工提供了一个开放的沟通平台，促进了团队成员之间的理解和信任。通过共同参与 OH 卡牌活动，员工学会了倾听和表达的艺术，提升了团队协作能力和工作效率。

（4）整体心理健康水平提高

长期参与 OH 卡牌活动的员工在心理健康水平方面会有显著提升。

他们不仅能够更好地管理情绪和压力，还能以更加积极的心态面对工作和生活中的挑战和变化。同时，OH 卡牌活动也增强了员工的自我意识和自我效能感，为其个人成长和职业发展奠定了坚实的基础。

（三）意象火柴

| 案　例 |

在繁忙的石化企业里，张工程师最近因工作压力巨大而感到心力交瘁。每天面对着复杂的设备和紧张的生产任务，他的创造力似乎被压抑得难以释放。企业党支部书记注意到了张工程师的变化，决定采用意象火柴这一独特的心理工具，为他进行一次别开生面的思政工作。

一天傍晚，当夕阳的余晖洒满石化厂时，张工程师被邀请到了党支部的活动室。活动室里摆放着一张小桌，桌上放着一盒精美的意象火柴，每根火柴上都刻有激励人心的词汇，如“坚韧”“创新”“突破”等。党支部书记微笑着邀请张工程师参与一场“心灵火花”的探索。

张工程师半信半疑地抽了一根火柴，上面刻着“创新”。在党支部书记的引导下，他闭上眼睛，想象着这根火柴被点燃后，如何照亮他内心深处的创意之源。随着想象的深入，张工程师仿佛置身于一个充满无限可能的石化世界，各种新颖的设备和技术如梦幻般浮现在眼前。

当张工程师重新睁开眼时，他的脸上露出了久违的笑容。他兴奋地告诉党支部书记，通过这次意象火柴的体验，他仿佛找到了解决问题的新思路，对未来的工作充满了期待和信心。

1. 技术介绍

意象火柴是一种将抽象概念具象化的心理学工具，特别适用于石化企业这样高压、高风险的工作环境。通过赋予火柴特定的意象和词汇，意象火柴能够引导员工进行自我对话与内心探索，帮助他们释放压力、激发创造力。

在石化企业的应用中，意象火柴可以被用于员工的思政工作、团队建设以及创新能力的培养。通过引导员工抽取火柴并关注其上的意象与词汇，企业可以帮助员工更好地了解自己的内心世界，找到工作的动力和创新的源泉。

2. 技术功效

意象火柴在石化企业员工思政工作中展现出了显著的功效。

首先，它能够有效缓解员工的工作压力和焦虑情绪。在石化企业这样高压的工作环境中，员工常常面临着巨大的心理压力。意象火柴通过引导员工进行自我对话和内心探索，帮助他们释放压力、调整心态，从而更好地应对工作中的挑战。

其次，意象火柴能够激发员工的创造力和创新能力。石化行业需要不断地创新和突破，而意象火柴正是通过激发员工的想象力和创造力，帮助他们找到解决问题的新思路和新方法。这对于提升企业的竞争力和创新能力具有重要意义。

最后，意象火柴还能够增强员工的团队凝聚力和归属感。在共同的意象探索过程中，员工之间能够建立更加深厚的情感联系和信任基础，从而形成更加紧密、和谐的团队氛围。这对于提升企业的整体绩效和员工的幸福感具有重要作用。

综上所述，意象火柴作为一种创新的心理学工具，在石化企业员工思政工作中展现出了巨大的潜力和价值。通过趣味性的案例展示、技术性的详细介绍以及显著的功效分析，我们有理由相信意象火柴将在未来的石化企业思政工作中发挥更加重要的作用。

第四节　思政工作新形式：EAP 的创新融合与应用

关于 EAP 在企业思政工作形式上的创新融合与应用，以下是创新点及其具体方法、流程步骤和预期效果。

一、工作环境心理学化布置：构建促进心理健康与高效工作的空间

在当今快节奏、高压力的企业环境中，员工的心理健康已成为影响工作效率和企业发展的重要因素。为了营造一个既有利于员工心理健康，又能激发工作热情的办公环境，将 EAP 中的心理学原理融入工作环境布置成为一种创新且有效的策略。以下是对这一创新点的详细扩写，包括具体方法、流程步骤以及预期效果。

1. 具体方法

（1）环境评估与需求分析

组建专业团队：首先，企业需要组建一支由心理学专家、人力资源管理者、环境设计师以及员工代表组成的团队，共同负责工作环境的评估与改造。

全面评估：团队应使用专业的评估工具，从光线、色彩、噪声、温度、空气质量等多个维度对现有工作环境进行全面评估，识别出可能对员工心理健康产生负面影响的因素。

需求分析：通过问卷调查、访谈等方式，了解员工对工作环境的需求和期望，确保改造方案能够真正满足员工的心理需求。

（2）心理学化设计方案制订

色彩搭配：根据心理学原理，选择柔和、舒适的色彩搭配，如蓝色和绿色，以营造放松、宁静的工作氛围。

空间布局：优化办公区域的空间布局，确保员工有足够的私人空间，同时促进团队之间的沟通与合作。

绿植与艺术品：在办公区域摆放适量的绿植和艺术品，以增添生机和美感，同时有助于缓解员工的视觉疲劳和心理压力。

照明与通风：改善照明和通风条件，确保办公环境明亮、通风，减少员工的不适感和疲劳感。

（3）实施与调整

分阶段实施：根据设计方案，分阶段进行工作环境的改造，以确保改造过程

的顺利进行。

员工参与：鼓励员工参与到改造过程中，如让他们选择自己喜欢的绿植或艺术品，以增强他们对新环境的归属感和满意度。

持续调整：改造完成后，定期收集员工的反馈意见，并根据实际情况进行必要的调整，以确保工作环境始终符合心理学优化标准。

2. 流程步骤

组建团队与明确目标：确定团队成员和改造目标，制订详细的工作计划。

环境评估与需求分析：使用评估工具对现有工作环境进行全面评估，了解员工的需求和期望。

设计方案制订：根据评估结果和员工需求，制订心理学化的工作环境设计方案。

分阶段实施改造：按照设计方案，分阶段进行工作环境的改造工作。

员工参与与反馈收集：鼓励员工参与到改造过程中，并定期收集他们的反馈意见。

持续调整与优化：根据员工反馈和实际情况，对工作环境进行持续调整和优化。

3. 预期效果

提升员工满意度和幸福感：通过心理学化的工作环境布置，员工将感受到更加舒适、放松的工作氛围，从而提高他们的工作满意度和幸福感。

提高工作效率和创造力：优化后的工作环境将有助于减少员工的压力感和疲劳感，使他们能够更加专注于工作，提高工作效率和创造力。

改善企业形象：一个注重员工心理健康和工作环境优化的企业，将更容易吸引和留住优秀人才，同时提升企业的社会形象和声誉。

促进企业文化建设：心理学化的工作环境布置将有助于营造积极向上的企业文化氛围，增强员工的归属感和凝聚力，为企业的长期发展奠定坚实的基础。

综上所述，将 EAP 中的心理学原理融入工作环境布置，是一种创新且有效的策略，它不仅能够提升员工的心理健康水平和工作效率，还能够改善企业形象和促进企业文化建设。因此，企业应该重视这一创新点的应用，并努力为员工创造一个既有利于心理健康又能够激发工作热情的工作环境。

二、EAP 与团队建设活动深度融合：打造心理健康与团队协作的双重提升

在快速变化的商业环境中，团队建设不仅是增强组织凝聚力的关键，也是促进员工个人成长和心理健康的重要途径。将 EAP 与团队建设活动深度融合，旨

在通过专业的心理辅导和团队互动，实现员工心理健康与团队协作能力的双重提升。以下是对这一创新点的详细扩写，涵盖具体方法、流程步骤及预期效果。

1. 具体方法

（1）定制化团队建设活动设计

需求分析：首先，通过问卷调查、一对一咨询等方式，深入了解员工的心理状态、团队关系现状及个人发展需求，为活动设计提供数据支持。

活动设计：结合EAP理念，设计一系列团队建设活动，如情绪管理工作坊、压力释放游戏、团队沟通挑战赛等，旨在提升员工的情绪智力、沟通能力和团队协作能力。

心理学原理融入：在每个活动中融入心理学原理，如利用正念冥想减轻压力、通过角色扮演增进理解、运用积极心理学原理提升团队士气等。

（2）专业引导与反馈

专业引导：邀请心理学专家或EAP顾问作为活动引导者，确保活动过程中的心理学应用准确无误，同时为员工提供及时的心理支持和指导。

即时反馈：活动结束后，立即组织反馈会议，让员工分享个人感受、学习点和改进建议，以便及时调整后续活动计划。

（3）持续跟踪与效果评估

跟踪机制：建立员工心理健康与团队协作的跟踪机制，定期收集数据，评估活动对员工心理状态和团队氛围的影响。

效果评估：通过问卷调查、面谈、团队绩效指标等多种方式，综合评估EAP与团队建设活动融合的效果，为持续优化提供依据。

2. 流程步骤

（1）需求调研与分析：收集员工信息，分析团队现状及员工心理需求。

（2）活动设计与规划：根据需求分析结果，设计定制化团队建设活动方案。

（3）专业引导与实施：在心理学专家或EAP顾问的引导下，实施团队建设活动。

（4）即时反馈与调整：活动结束后立即收集反馈，对活动方案进行必要的调整。

（5）持续跟踪与评估：建立跟踪机制，定期评估活动效果，持续优化活动方案。

3. 预期效果

（1）心理健康水平提升：通过专业的心理辅导和团队建设活动，员工的情绪管理能力、压力应对能力得到显著提高，心理健康水平整体提升。

（2）团队协作能力增强：团队建设活动促进了员工之间的沟通与合作，增强了团队凝聚力和协作能力，有助于提升团队整体绩效。

（3）企业文化氛围改善：EAP 与团队建设活动的深度融合，营造了关注员工心理健康、重视团队协作的企业文化氛围，提升了员工的归属感和满意度。

（4）个人成长与职业发展：员工在活动中不仅学会了如何更好地管理自己的情绪和压力，还提升了沟通、协作等职业技能，为个人成长和职业发展奠定了坚实基础。

综上所述，将 EAP 与团队建设活动深度融合，是一种创新且高效的团队建设方式。它不仅关注员工的心理健康，还致力于提升团队的协作能力和整体绩效。通过定制化活动设计、专业引导与反馈以及持续跟踪与评估，这一创新点能够为企业打造一个员工心理健康、团队协作良好的工作环境，从而推动企业的持续发展和员工的个人成长。

第五节　赋能思政工作者：EAP 在提升工作能力方面的应用

一、乔哈里之窗：思政工作者自我认知的新视角

|案　例|

在某企业，王书记是思政部门的中坚力量，负责员工的思想政治教育和企业文化建设。近年来，随着企业规模的扩大和员工队伍的年轻化，王书记发现自己在与员工沟通、理解员工需求以及推动企业文化落地等方面遇到了挑战。尽管他努力尝试各种方法，但员工对思政工作的参与度和满意度并不高。为了突破这一瓶颈，王书记决定引入乔哈里之窗理论，通过提升自我认知来优化自己的思政工作策略。

王书记首先通过自我反思，识别了自己在沟通风格、领导方式以及对企业文化的理解上可能存在的盲点。接着，他设计了匿名问卷和一对一面谈，向员工、同事以及上级领导收集了关于自己工作的全面反馈。通过整合这些信息，王书记对照乔哈里之窗的四个区域进行了深入分析，明确了自己在思政工作中的公开区、盲目区、隐秘区和未知区。

基于这一分析，王书记制订了针对性的改进计划。他加强了与员工的沟通，主动分享自己的工作经验和思考，以扩大公开区；同时，他认真倾听员工的意见和建议，以减少盲目区；在适当的时候，王书记也分享了一些个人经历和感受，以增加透明度，减少隐秘区；此外，他还积极参加各种培训和学习活动，不断探

索未知区，提升自己的专业素养和领导能力。

经过一段时间的实践应用，王书记发现自己在与员工沟通时变得更加顺畅和有效。员工对思政工作的参与度和满意度显著提高，企业文化也得到了更好的传承和发扬。更重要的是，王书记通过自我认知的提升，不仅改进了工作方法，还激发了个人潜能和创造力，为企业的思政工作注入了新的活力。

1. 技术介绍

乔哈里之窗是由心理学家 Joseph Luft 和 Harry Ingham 在 20 世纪 50 年代提出的一种沟通理论，它形象地将人的内心世界比作一个窗口，通过四个区域来描述人与人之间的信息交流与认知状态。这四个区域分别是：

公开区：这是自己知道、别人也知道的信息区域。在思政工作中，公开区可能包括个人的工作经验、教育背景、专业技能等。扩大公开区有助于增强信任，促进有效沟通。

盲目区：这是自己不知道，但别人知道的信息区域。盲目区可能包含他人对我们的评价、观察到的行为模式或我们未察觉的弱点。通过寻求反馈，我们可以减少盲目区，更全面地认识自己。

隐秘区：这是自己知道，但别人不知道的信息区域。隐秘区可能涉及个人的隐私、秘密想法或不愿公开的情感。在适当的时候分享一些隐秘区的内容，可以增加透明度，促进更深层次的交流。

未知区：这是自己和别人都不知道的信息区域，代表着个人的潜能、未来可能的发展以及尚未被探索的内心世界。通过持续学习和自我探索，我们可以逐渐揭开未知区的面纱，实现个人成长和突破。

乔哈里之窗理论的核心观点是，通过扩大公开区、减少盲目区和隐秘区，以及探索未知区，我们可以提升自我认知、改善人际关系，实现更有效的沟通与协作。

2. 操作方法

自我反思：王书记首先进行自我反思，列出自己在思政工作中的优势、不足以及可能的认知盲点。

360 度反馈收集：通过匿名问卷、一对一访谈等方式，向同事、下属及上级领导收集关于自己的反馈意见。这些反馈涵盖了王书记在沟通风格、领导方式、工作成效等方面的表现。

信息整合与分析：将自我反思结果与收集到的反馈意见进行整合，对照乔哈里之窗的四个区域进行分析。明确哪些信息是公开的（公开区）、哪些是被他人知晓而自己未察觉的（盲目区）、哪些是自己知道但不愿或不敢公开的（隐秘区）以及尚未被探索的未知领域（未知区）。

制订改进计划：基于分析结果，王书记制订了针对性的改进计划，旨在扩大公开区、减少盲目区和隐秘区，并积极探索未知领域。例如，通过参加沟通技巧培训来改进沟通方式，主动寻求反馈以减少盲目区，在适当场合分享个人经历以增加透明度等。

3. 应用场景和范围

乔哈里之窗理论在思政工作者自我认知提升中的应用场景广泛，包括但不限于：

个人发展计划制订：帮助思政工作者全面了解自身优劣势，制订个性化的职业发展规划。

团队建设与协作：通过扩大团队成员间的公开区，增进相互理解和信任，提升团队凝聚力与协作效率。

领导力提升：帮助思政工作者识别并改善领导风格中的盲点，增强领导力的有效性和感召力。

效果评估：经过一段时间的实践应用，王书记发现自己在与年轻员工的沟通中变得更加顺畅和有效。团队成员对王书记的信任度和满意度显著提高，部门整体的工作氛围也更加和谐与积极。更重要的是，王书记通过自我认知的提升，不仅改进了工作方法，还激发了个人潜能和创造力，为企业的思政工作注入了新的活力。这些成果充分证明了乔哈里之窗理论在思政工作者自我认知提升中的有效性和实用性。

二、绘画情绪释放法：企业班组长情绪管理的创新路径

绘画情绪释放法，也被称为艺术疗法的一种形式，通过绘画这一非言语的表达方式，帮助个体释放压抑的情绪，探索内心世界，并促进情绪的平衡与心理健康。对于班组长而言，这种方法不仅能够提供一条独特的情绪宣泄途径，还能在创作过程中获得内心的平静与自我理解。

在企业管理的快节奏和高压力环境下，班组长作为生产线的核心，往往承载着巨大的情绪负担。为了有效缓解这些负面情绪，绘画情绪释放法成为一种独特而有效的途径。以下将详细介绍这一方法的具体操作和应用效果。

1. 具体操作步骤

（1）准备阶段

环境布置：选择一个安静、舒适的环境，确保有足够的私人空间进行绘画创作。

材料准备：准备绘画所需的纸笔、颜料等工具。不必追求专业级别，任何触手可及的材料都可以使用，如废纸、旧笔记本、彩色铅笔等。

（2）情绪识别

在开始绘画前，先花几分钟时间静下心来，识别自己当前的情绪状态，是紧张、焦虑、烦躁，还是其他负面情绪。尝试将这些情绪感受具体化，为后续的绘画创作提供方向。

（3）自由绘画

无主题绘画：不必设定具体的绘画主题或目标，只需跟随内心的感受自由挥洒。既可以画抽象的形状、符号，也可以画具体的物体或场景。重要的是，让画笔成为情感的延伸，将内心的情绪通过色彩和线条表达出来。

情感投射：在绘画过程中，尝试将负面情绪投射到画面上。例如，感到愤怒，可以用粗犷的线条和鲜艳的颜色来表现；感到悲伤，则可以用柔和的色彩和细腻的笔触来表达。

（4）观察与反思

观察画作：完成绘画后，仔细观察自己的作品。注意画面中的色彩、线条和形状，思考它们如何反映了你的情绪状态。

情感反思：尝试解读画作背后的情感意义。思考这幅画让你想起了什么？它如何帮助你释放了内心的情绪？通过反思，加深对自己的情绪状态和绘画创作过程的理解。

（5）分享与交流

如果愿意，可以与信任的同事或朋友分享自己的画作和创作过程中的感受。他们的反馈和建议可能为你提供新的视角和启示。但请注意，分享应基于自愿原则，避免给他人带来不必要的负担。

2. 应用效果

情绪释放：通过绘画创作，班组长可以将积压在内心的负面情绪释放出来，减轻心理负担。

自我理解：在绘画过程中，班组长能够更深入地了解自己的内心世界，增强自我认知和情感管理能力。

压力缓解：绘画作为一种创造性的活动，有助于转移注意力，缓解工作压力和紧张情绪。

提升工作效率：当情绪得到平衡和释放时，班组长能够更加冷静、理性地面对工作中的挑战和问题，从而提升工作效率和决策能力。

总之，绘画情绪释放法为企业班组长提供了一种独特而有效的情绪管理途径。通过自由绘画和情感投射，班组长可以释放内心的负面情绪、增进自我理解并缓解工作压力。这种方法简单易行且效果显著，值得在企业管理实践中推广和应用。

三、GROW 模型应用：企业思政工作者高效带领团队的实践策略

| 案　例 |

在某大型企业中，思政工作者小张负责带领团队完成一项重要的企业文化建设项目。项目初期，团队面临着时间紧迫、任务繁重、成员间沟通不畅等多重挑战。小张决定运用 GROW 模型，以科学的方法带领团队克服困难，高效完成任务。

1. 技术讲解

GROW 模型是一种目标导向的教练技术，包括 Goal（目标）、Reality（现状）、Options（选择）和 Will（意愿）四个步骤。通过这一模型，思政工作者可以引导团队明确目标、分析现状、探索选择，并激发团队成员的意愿，从而带领团队高效完成工作任务。

2. 操作步骤

（1）Goal（目标）

小张与团队共同制订了明确的项目目标，包括完成时间、质量标准、预期成果等。

通过团队会议和讨论，确保每位成员都对项目目标有清晰的认识和认同感。

（2）Reality（现状）

小张组织团队进行了现状评估，包括团队成员的技能水平、项目进度、资源状况等。

通过问卷调查、一对一访谈等方式，收集了团队成员对项目现状的看法和意见。

（3）Options（选择）

根据现状评估结果，小张与团队一起探讨了多种可行的解决方案，如加强技能培训、优化工作流程、增加资源投入等。

鼓励团队成员提出自己的想法和建议，共同寻找最佳方案。

（4）Will（意愿）

小张通过激励和鼓舞，增强了团队成员对项目成功的信心和决心。

定期组织团队活动，增进成员间的相互了解和信任，提升团队的凝聚力和协作能力。

3. 应用场景及效果

（1）应用场景

在企业文化建设项目的各个阶段，小张都运用了 GROW 模型来引导团队。在项目初期，通过明确目标和现状评估，帮助团队快速进入状态；在项目中期，

通过探索选择和激发意愿，保持团队的动力和效率；在项目后期，通过总结经验和反馈，为未来的工作提供参考和借鉴。

(2) 效果

通过运用 GROW 模型，小张成功带领团队克服了重重困难，按时完成了企业文化建设项目的各项任务。

团队成员的技能水平和协作能力得到了显著提升，团队凝聚力和归属感也大大增强。

项目成果得到了企业领导的高度认可和赞扬，为企业的长远发展奠定了坚实的基础。

综上所述，企业思政工作者运用 GROW 模型带领团队完成工作任务是一种科学、有效的方法。通过明确目标、分析现状、探索选择和激发意愿，思政工作者可以引导团队克服各种挑战和困难，高效完成工作任务，实现团队和个人的共同发展。

第三章　EAP与企业管理

本章将从管理EAP的定义与本质入手，揭示其在现代企业组织管理中的重要地位。接着，探讨EAP与组织管理要素的深度融合，包括员工心理特征与管理策略对接，如员工人格特质差异、员工情绪状态管理和员工认知风格引导等。此外，还分析了EAP在组织变革中的作用。最后通过三个典型案例分析，展示EAP助力管理工作的实际成效。

第一节　管理 EAP 简介

一、管理 EAP 的定义与本质

管理 EAP 是企业为员工设计的长效心理援助与福利项目，其内涵远超传统心理咨询服务。EAP 聚焦员工在工作与生活中的各类心理行为问题，包括工作压力、职业发展困惑、职场人际矛盾、家庭生活困扰等。这些问题若长期得不到解决，不仅会损害员工身心健康，导致注意力分散、效率降低、失误频发，还可能引发职业倦怠，削弱组织活力与竞争力。

从管理学角度，EAP 以提升工作绩效、优化组织氛围为目标。员工是企业发展的核心驱动力，其工作态度与协作能力直接影响企业效益。EAP 通过专业心理干预，帮助员工缓解压力、增强心理韧性，提升工作满意度与忠诚度。当员工感受到企业关怀，工作积极性会被充分激发，工作绩效自然提升。同时，EAP 致力于改善组织沟通与协作机制，减少团队冲突，增强凝聚力，为企业发展营造良好内部环境。

管理 EAP 的本质在于融合心理学与管理学原理，推动员工与组织协同发展。它将心理学理论与方法应用于企业管理实践，通过分析员工心理需求与行为动机，为企业制订科学管理策略。一方面，EAP 帮助员工提升自我认知，明确职业发展方向，增强应对挑战的能力。另一方面，企业通过职业规划指导与技能培训，协助员工制订发展路径，提升专业技能，实现个人价值。

二、管理 EAP 在现代组织管理中的重要地位

员工心理健康直接影响工作表现与企业效益。良好的心理状态能激发员工创造力和主动性，而焦虑、压力等负面情绪会削弱注意力与决策能力，导致效率下降、错误频发。同时，心理健康的员工忠诚度更高，能减少企业因人员流动产生的招聘和培训成本，保障业务稳定。在团队协作方面，心理状态良好的员工沟通更顺畅，能有效化解冲突，提升团队凝聚力与整体效能。

管理 EAP 通过多维度服务优化员工心理状态。其提供的专业心理咨询，能帮助员工解决工作压力、职业困惑等问题。例如，当员工遭遇职业挫折陷入自我否定时，咨询师可引导其重新审视自身，制订改进计划，重燃工作热情。此外，EAP 组织的情绪管理、时间管理等培训课程，能帮助员工掌握压力应对技巧，以积极心态面对工作与生活。

营造积极组织文化是 EAP 的重要功能。通过策划户外拓展、文化活动等团队建设项目，EAP 促进员工交流，增强相互信任，缓解工作压力，提升员工对企业的认同感与归属感。当员工幸福感提升，团队协作效率随之增强，在项目攻坚等关键任务中，更能激发集体创造力，助力企业实现目标。

第二节　EAP 与组织管理要素深度融合

一、员工人格特质差异管理

在组织管理中，员工的人格特质犹如多样的色彩，各自闪耀又相互交织，共同绘就了团队的独特风貌。深刻理解员工的人格特质差异，并据此制订精准有效的管理策略，是管理者提升团队效能、促进组织和谐发展的关键所在。常见的人格特质分类包括外向型与内向型、感觉型与直觉型、思维型与情感型、判断型与知觉型等，这些不同的人格特质在员工的工作行为中有着鲜明的体现。

外向型员工通常充满活力，热衷于与人交往，在社交场合如鱼得水。他们拥有出色的沟通能力，能够轻松地与同事、上级和客户建立良好的关系，迅速打开工作局面。在团队合作中，他们积极主动地分享自己的想法和经验，带动团队的讨论气氛，激发团队的创造力。例如，在创意团队中，外向型员工小王总是能在头脑风暴会议上率先发言，凭借其丰富的社交经验和活跃的思维，提出许多新颖独特的创意点子，并且能够积极协调团队成员之间的讨论，推动创意的不断完善。然而，外向型员工有时可能过于追求外部刺激，导致注意力分散，工作缺乏深度和专注度。在一些需要高度专注和独立完成的工作任务中，如文案撰写、数据分析等，他们可能会感到不耐烦，难以静下心来深入钻研。

相比之下，内向型员工则更倾向于独立思考和专注工作。他们善于在安静的环境中深入分析问题，挖掘问题的本质，常常能提出独到而深刻的见解。例如，内向型员工老王负责油井设备的日常巡检与维护工作。一次，某关键采油设备出现异常震动，技术团队多次排查均未找到原因。老王主动申请对设备进行独立检测，他避开嘈杂的讨论环境，独自带着检测仪器对设备的每个部件进行细致入微的检查。凭借多年积累的机械原理知识和沉稳专注的特质，他连续 8 小时对照设备图纸与运行数据，最终发现是一个隐蔽部位的轴承出现细微裂痕导致震动。老王迅速制订维修方案并成功修复设备，避免了因设备故障可能导致的原油减产风险，这充分展现出内向型员工在专业领域独立钻研、解决复杂问题的独特优势。但内向型员工在团队沟通和协作方面可能存在一定困难，他们不善于主动表达自

己的想法，在团队讨论中往往较为沉默，容易被忽视。这就需要管理者给予他们更多的关注和鼓励，创造适合他们表达的环境。

感觉型员工注重实际，对细节有着敏锐的观察力，喜欢通过具体的事实和经验来做出决策。他们在工作中踏实可靠，能够严格按照既定的流程和标准执行任务，确保工作的准确性和稳定性。某炼化企业夜班中，感觉型员工小张在检验汽油时，凭借对细微色泽差异的敏锐察觉，果断暂停产品输送。经细致检测，发现装置温度传感器故障影响油品质量。他及时上报并配合维修，避免不合格产品流出，确保产品品质。不过，感觉型员工可能会因过于关注细节而忽略整体目标，对新的变化和创新持保守态度，不太愿意尝试新的工作方法和思路。

直觉型员工则富有想象力和创造力，他们更关注未来的可能性和发展趋势，喜欢探索新的领域和解决问题的新途径。某勘探团队中，直觉型员工老周在分析某区域地质资料时，凭借敏锐的洞察力，察觉到常规数据下隐藏的油气富集迹象。他果断提议调整勘探方案，最终成功发现新的油气储藏区，为企业开拓了重要资源储备。然而，直觉型员工有时可能会过于理想化，对实际操作中的困难估计不足，在执行具体任务时缺乏耐心和细致。

针对不同人格特质员工的行为特点，管理者应采取合理分配任务和个性化培训等针对性管理策略。对于外向型员工，可以分配给他们需要频繁与人沟通和协调的任务，如销售、公关、团队活动组织等。同时，为了帮助他们提升工作的专注度和深度，可以提供一些时间管理和深度工作技巧的培训，引导他们学会在活跃的思维和专注的工作之间找到平衡。例如，在一个市场营销项目中，安排外向型员工负责与客户沟通需求、协调各方资源，同时鼓励他们参加时间管理课程，学习如何在多任务环境中合理安排时间，提高工作效率。

对于内向型员工，应分配适合他们独立完成的工作任务，如技术研发、文案策划、数据分析等。同时，为了提升他们的沟通和协作能力，可以组织一些针对性的沟通技巧培训和团队建设活动，为他们创造更多与他人交流的机会，帮助他们逐渐克服沟通障碍。比如，定期组织内向型员工参加沟通技巧工作坊，通过模拟沟通场景、角色扮演等方式，让他们在实践中提升沟通能力。

对于感觉型员工，适合安排他们需要注重细节和精确执行的任务，如财务审计、质量控制、文档校对等。为了培养他们的全局意识和创新能力，可以提供一些战略规划和创新思维的培训课程，引导他们从宏观角度看待工作，鼓励他们尝试新的工作方法和技术。例如，在财务部门，安排感觉型员工负责财务报表的精确核算，同时鼓励他们参加行业趋势分析和财务管理创新的培训，拓宽他们的视野。

对于直觉型员工，适合分配具有创新性和前瞻性的任务，如市场调研、新产品研发、战略规划等。同时，为了提高他们的执行力和对实际问题的解决能力，可以提供项目管理、执行力培养等方面的培训，帮助他们将创意转化为实际的成果。比如，在新产品研发项目中，让直觉型员工负责提出创新的产品概念和设计思路，同时安排他们参加项目管理培训，学习如何制订详细的项目计划，确保创意能够顺利落地。

在某大型企业的项目团队中，管理者充分考虑了员工的人格特质差异。在项目启动阶段，根据外向型员工沟通能力强的特点，安排他们负责与客户沟通需求、协调各方资源；让直觉型员工发挥其创造力和前瞻性思维，进行项目的整体规划和创新方案的提出；感觉型员工则负责项目细节的把控和质量监督；内向型员工专注于技术研发和核心算法的优化。在项目执行过程中，针对不同人格特质员工的需求，组织了相应的培训。为外向型员工提供了时间管理和项目管理培训，帮助他们更好地协调工作；为直觉型员工提供了执行力和细节管理培训，提升他们将创意转化为实际成果的能力；为感觉型员工安排了创新思维和跨部门沟通培训，拓宽他们的视野；为内向型员工举办了沟通技巧和团队协作培训，增强他们与团队成员的交流与合作。通过这种合理的任务分配和个性化的培训，项目团队成员充分发挥了各自的优势，项目顺利推进，取得了显著的成果。

理解员工的人格特质差异并采取针对性的管理策略，能够充分激发员工的潜力，提升团队的整体效能。管理者应重视员工的人格特质多样性，将其作为组织管理的重要依据，打造一支和谐、高效的团队，推动组织的持续发展。

二、员工情绪状态管理

在组织管理的复杂体系中，员工的情绪状态犹如一股无形却强大的力量，深刻地影响着工作的各个方面。积极情绪与消极情绪对员工工作的影响截然不同，管理者能否有效识别员工情绪状态，并采取相应策略营造积极氛围、提供情绪调节支持，对于提升团队绩效、促进组织和谐发展至关重要。

积极情绪对员工工作有着诸多正面影响，其中提升创造力是显著的表现之一。当员工处于积极情绪状态时，大脑的思维更加活跃，联想更加丰富，能够从不同角度看待问题，从而产生更多新颖的想法和解决方案。

积极情绪还能增强员工的工作动力和热情。当员工感到快乐、满足和自豪时，他们对工作的投入度会更高，愿意主动承担更多的工作任务，并且努力追求卓越。

此外，积极情绪具有很强的感染力，能够在团队中营造和谐、愉快的氛围，促进团队成员之间的合作与交流。在积极情绪的影响下，员工们更愿意分享自己的经验和知识，相互帮助，共同攻克工作中的难题。

与之相对，消极情绪对员工工作的负面影响也不容小觑。焦虑、沮丧、愤怒等消极情绪会严重影响员工的注意力和判断力，导致工作失误增加。消极情绪还会降低员工的工作满意度和工作动力，使他们对工作产生抵触情绪，甚至出现消极怠工的现象。

此外，消极情绪容易在团队中传播，破坏团队的和谐氛围，降低团队的凝聚力。当一个团队中存在消极情绪的员工时，这种负面情绪可能会像病毒一样迅速蔓延，影响其他成员的情绪和工作状态，导致团队整体士气低落，协作能力下降。

为了有效管理员工的情绪状态，管理者首先需要掌握识别员工情绪状态的方法。观察员工的行为表现是最直接的方式之一。例如，某员工平时积极参与团队讨论，最近突然变得沉默寡言，或者工作效率明显下降，频繁出现失误，这些都可能是情绪出现问题的信号。此外，员工的面部表情、肢体语言也能反映其情绪状态。比如，眉头紧锁、眼神游离、频繁叹气等，都可能暗示员工正处于焦虑或沮丧的情绪中。

管理者还可以通过与员工的日常交流来了解他们的情绪状态。定期与员工进行一对一的沟通，询问他们的工作感受、是否遇到困难等，让员工感受到管理者的关心和支持。在沟通中，注意倾听员工的话语，观察他们的语气和情绪变化，从中发现潜在的情绪问题。

营造积极的工作氛围是管理员工情绪状态的重要策略。管理者可以从工作环境、团队文化等方面入手。打造舒适、宜人的工作环境，如提供良好的办公设施、合理的工作空间布局、舒适的休息区域等，能够让员工在工作中感到愉悦和放松。

培育积极向上的团队文化也是营造积极氛围的关键。鼓励团队成员之间相互支持、合作共赢，倡导积极的价值观和工作态度。

管理者还可以通过组织丰富多彩的文化活动缓解员工的工作压力，营造积极的氛围。例如，举办主题派对、文化节、运动会等活动，让员工在工作之余能够放松身心、享受乐趣。在某企业的年度文化节中，组织了各种比赛和表演活动，员工们积极参与，不仅缓解了工作压力，还增强了对企业的归属感和认同感。

当发现员工处于消极情绪状态时，管理者需要及时提供情绪调节支持。提供心理咨询服务是一种有效的方式。企业可以与专业的心理咨询机构合作，为员工提供免费的心理咨询服务，帮助他们缓解压力、调整情绪。例如，某企业为员工开通了 24 小时心理咨询热线，员工在遇到心理困扰时可以随时拨打热线寻求帮助。同时，企业还定期邀请心理咨询师到公司进行现场咨询和讲座，为员工提供心理支持和指导。

三、员工认知风格引导

在组织管理的复杂生态中，员工的认知风格犹如独特的指纹，各不相同且深刻影响着他们在工作中的决策、学习以及整体表现。认知风格作为个体在信息加工、问题解决和学习过程中所偏好的方式，主要分为场依存型、场独立型等，深入理解这些认知风格的特点，并据此进行有效的管理引导，是管理者激发员工潜能、提升团队效能的关键所在。

场依存型的员工在认知活动中，倾向于以外部参照作为信息加工的依据，他们对环境有着较高的敏感性，容易受到周围环境和他人意见的影响。这类员工在团队合作中往往表现出色，他们善于倾听他人的意见和建议，能够敏锐地感知团队氛围和他人的情绪变化，从而迅速调整自己的行为以适应团队的需求。

然而，场依存型员工在决策时可能会表现出一定的依赖性。由于他们过于关注他人的意见和周围环境的影响，在面对需要独立做出决策的情况时，可能会显得犹豫不决，缺乏果断性。

与之相对，场独立型的员工更依靠自身内部的参照，独立地对信息进行加工和判断。他们在独立工作和解决复杂问题时具有明显的优势，能够凭借自己的思考和分析能力，深入探究问题的本质，提出独到的见解。

但场独立型员工在团队合作中可能会面临一些挑战。由于他们过于注重自己的内部思考，有时可能会忽视他人的意见和建议，导致与团队成员之间的沟通不畅，影响团队的协作效果。

除了场依存型和场独立型，还有沉思型和冲动型等认知风格。沉思型的员工在解决问题时，往往深思熟虑，谨慎地分析各种可能性后再做出决策。他们注重细节，决策准确性较高，但决策速度相对较慢。

冲动型的员工则反应迅速，能够快速做出决策，但可能会因考虑不周全而出现错误。

在实际工作场景中，不同认知风格的员工在决策和学习方面存在显著差异。以一个项目决策为例，场依存型员工在决策过程中会广泛收集团队成员的意见，充分考虑团队的整体氛围和大家的期望，他们更倾向于选择那些得到多数人支持的方案。而场独立型员工则更注重自己对项目的分析和判断，依据自己的专业知识和经验来做出决策，不太受他人意见的左右。

在学习方面，场依存型员工喜欢通过与他人讨论、交流的方式学习新知识，他们在团队学习和互动式学习环境中能够取得较好的学习效果。例如，在参加培训课程时，场依存型员工会积极参与小组讨论，与其他学员分享自己的经验和想法，同时吸收他人的观点，从而加深对知识的理解和掌握。而场独立型员工则更适合自主学习，他们能够独立地阅读资料、进行研究，通过自己的思考和探索来获取知识。比如，在学习新的技术知识时，场独立型员工会选择独自阅读专业书籍和研究报告，通过自己的实践和总结来掌握新技能。

基于不同认知风格员工的特点和差异，管理者可以采取匹配工作任务、提供个性化发展计划的管理方法，以充分发挥员工的优势，提升团队整体绩效。

对于场依存型员工，管理者可以分配给他们需要团队合作和沟通协调的工作任务，如团队项目管理、客户关系维护等。在这些工作中，他们善于倾听和协调的能力能够得到充分发挥。同时，为了帮助他们提升决策能力，管理者可以提供一些决策技巧培训，引导他们在参考他人意见的同时，学会独立思考，逐渐提高决策的果断性。例如，在一个大型营销项目中，安排场依存型员工负责与各部门沟通协调资源，确保项目的顺利推进。同时，鼓励他们参加决策分析课程，学习如何在复杂的情况下快速做出合理的决策。

对于场独立型员工，适合分配给他们需要独立思考和创新的工作任务，如研发工作、战略规划等。这些工作能够让他们充分发挥自己的独立思考和创新能力。但为了提升他们的团队协作能力，管理者可以组织一些团队建设活动，鼓励他们积极参与团队讨论和合作项目，培养他们倾听他人意见的意识和能力。

对于沉思型员工，适合安排需要高度谨慎和精确的工作任务，如质量检测、财务审计等。这些工作需要他们严谨的思维和对细节的关注。为了提高他们的决策速度，管理者可以提供时间管理和快速决策技巧的培训，帮助他们在保证决策质量的前提下，提高决策效率。例如，在质量检测部门，安排沉思型员工负责对产品进行严格的质量把关，同时为他们提供时间管理和决策技巧的培训，让他们学会在规定的时间内做出准确的决策。

对于冲动型员工，适合分配给他们需要快速响应和行动力的工作任务，如销售、客户服务等。在这些工作中，他们的快速反应能力能够为公司带来优势。但为了提高他们决策的准确性，管理者可以提供一些分析问题和全面思考的培训，引导他们在做出决策前，更加全面地考虑问题的各个方面。比如，在销售部门，让冲动型员工负责开拓新客户，同时为他们提供市场分析和客户需求评估的培训，帮助他们在快速做出销售决策时，更加准确地把握客户需求和市场动态。

第三节　EAP 在企业管理中的职能应用与实践

一、组织变革中的 EAP 职能发挥

在当今快速发展且竞争激烈的商业环境下，组织变革已成为企业谋求生存与

发展的必然选择。然而，变革如同一场风暴，在为企业带来新机遇的同时，也给员工带来了诸多压力与挑战。在这一过程中，EAP 发挥着至关重要的作用，它如同企业变革航程中的灯塔，为员工指引方向，帮助他们顺利度过变革期，实现企业与员工的共同发展。以下将结合实际案例，深入探讨 EAP 在组织变革中的各项职能发挥。

1. 变革期员工心理疏导

某炼化企业为适应市场需求和行业发展趋势，决定进行大规模业务转型，从传统的石油炼化向高端化工产品生产迈进。这一转型涉及生产工艺、技术设备、管理模式等多方面的重大调整，给员工带来了前所未有的压力与困惑。

在转型初期，员工们普遍对未来感到迷茫和焦虑。一方面，他们担心自己现有的技能无法适应新的生产要求，面临失业或职业发展受限的风险。许多在传统炼化岗位上工作多年的员工，习惯了熟悉的工作流程和操作方式，对新的高端化工技术感到陌生和恐惧。他们担心自己难以掌握新技能，从而在岗位竞争中处于劣势。另一方面，组织架构的调整和工作内容的变化，使员工们面临着新的工作压力和人际关系挑战。部门的合并与重组，导致工作汇报关系和协作方式发生改变，员工们需要重新适应新的工作环境和团队氛围，这让他们感到无所适从。

为了帮助员工缓解这些焦虑情绪、适应变革，EAP 迅速行动，提供了一系列有针对性的服务。首先，EAP 团队为员工提供了专业的心理咨询服务。他们设立了专门的心理咨询热线和面对面咨询室，由经验丰富的心理咨询师为员工提供一对一的心理支持。一位在原炼化车间工作多年的员工，得知自己所在的车间将进行大幅调整，新的工作内容和技术要求让他倍感压力，甚至出现了失眠和焦虑的症状。心理咨询师与他进行了多次深入沟通，帮助他认识到自己的情绪根源，并引导他积极面对变革。通过倾听和疏导，该员工逐渐调整了心态，开始主动学习新的知识和技能。

同时，EAP 组织了压力管理培训。培训内容包括压力认知、情绪调节技巧、时间管理等方面。在培训中，通过案例分析、模拟演练和互动分享等方式，让员工们了解压力产生的原因和影响，掌握有效的压力应对方法。例如，培训师教授员工们深呼吸放松法、冥想练习和积极的自我暗示技巧，帮助他们在有压力时迅速调整情绪、保持冷静。此外，还通过小组讨论的形式，让员工们分享自己在应对压力过程中的经验和心得，相互学习和支持。

除了心理咨询和压力管理培训，EAP 还开展了心理健康宣传活动。通过内部刊物、宣传栏、线上平台等渠道，向员工普及心理健康知识，传递积极应对变革的理念；制作了一系列关于心理健康和变革适应的宣传海报和文章，介绍常见的心理问题及应对方法，鼓励员工积极面对变革，保持乐观的心态。这些宣传活动在企业内部营造了关注心理健康的良好氛围，让员工们认识到在变革过程中出现心理压力是正常的，并且有多种方式可以应对。

2. 促进变革中的沟通与合作

在组织变革过程中，打破部门壁垒，增强员工沟通能力与合作意识，是推动变革顺利进行的关键。某销售公司在进行销售模式变革时，就充分借助了 EAP 的力量，通过组织各种活动和项目，有效促进了员工之间的沟通与合作。

该销售公司为了适应市场变化，决定从传统的线下销售模式向线上线下融合的新零售模式转型。这一变革涉及多个部门的协同合作，包括市场部、销售部、技术部、客服部等。然而，在变革初期，由于各部门之间的沟通不畅，信息传递不及时，导致工作衔接出现问题，影响了变革的推进速度。

为了解决这些问题，EAP 组织了一系列团队建设活动。其中，一次户外拓展活动给员工们留下了深刻的印象。在拓展活动中，设置了各种团队合作项目，如“接力拼图”“齐眉棍”等。在“接力拼图”项目中，员工们被分成若干小组，每个小组需要在规定时间内完成一幅大型拼图。这需要小组成员之间密切配合、明确分工，有的负责寻找拼图碎片，有的负责拼接，有的负责协调进度。在这个过程中，员工们逐渐学会了倾听他人的意见，发挥各自的优势，共同为实现团队目标而努力。原本在工作中沟通较少的市场部和技术部员工，通过这次拓展活动，增进了彼此的了解和信任。他们发现，虽然各自的专业领域不同，但在实现公司销售模式转型的目标上是一致的，而且彼此的工作相互关联、相互支持。这次拓展活动后，部门之间的沟通氛围明显改善，信息传递更加及时准确，工作衔接也更加顺畅。

EAP 还组织了跨部门合作项目，让不同部门的员工共同参与解决实际问题。在公司推进线上销售平台建设的过程中，EAP 协调市场部、销售部、技术部和客服部的员工组成联合项目小组。项目小组负责从市场调研、平台功能设计、销售策略制订到客户服务优化等全流程工作。在项目开展过程中，EAP 安排专业的引导师定期组织跨部门沟通会议，引导员工分享各自部门的观点和需求，共同探讨解决方案。例如，在讨论平台功能设计时，市场部员工提出要突出产品展示的个性化和吸引力，以满足不同客户的需求；技术部员工则从技术实现的角度，提出要确保平台的稳定性和安全性；销售部员工根据实际销售经验，强调平台操作的便捷性；客服部员工则关注客户在使用过程中的问题反馈。通过充分的沟通和协作，项目小组综合各部门的意见，制订出了更符合市场需求和公司实际情况的平台建设方案。

3. 员工发展支持

在组织变革时期，员工面临着新的工作要求和岗位变化，对自身的职业发展感到迷茫和困惑。EAP 在这一过程中，为员工提供了全面的职业发展咨询和丰富的培训机会，助力他们提升能力，应对变革带来的挑战。

某工程公司在进行业务拓展和技术升级的变革过程中，许多员工发现原有的知识和技能无法满足新的工作需求。例如，随着公司承接越来越多的国际化项目，对员工的外语能力和跨文化沟通能力提出了更高的要求；同时，新技术的应用也要求员工掌握新的工程软件和技术标准。

EAP 针对这些情况，为员工提供了个性化的职业发展咨询服务。职业发展咨询师通过与员工进行一对一的深入交流，了解他们的职业兴趣、能力优势和职业目标，结合公司的发展战略和岗位需求，为员工制订个性化的职业发展规划。一位年轻的工程师对海外项目的发展前景非常感兴趣，但他担心自己的外语水平和跨文化沟通能力不足。职业发展咨询师根据他的情况，为他制订了详细的学习计划，建议他参加公司组织的外语培训课程，同时鼓励他利用业余时间参加跨文化交流活动，提升跨文化沟通能力。此外，咨询师还帮助他建立了职业发展档案，定期跟踪他的学习进度和职业发展情况，及时给予指导和建议。

为了帮助员工提升能力，适应新的工作要求，EAP 组织了丰富多样的培训课程。针对国际化业务需求，开设了商务英语、国际项目管理等培训课程；针对新技术的应用，举办了各类工程软件操作培训和新技术讲座。在培训过程中，EAP 注重培训内容的实用性和针对性，邀请行业专家和经验丰富的工程师进行授课，通过案例分析、实际操作演练等方式，让员工更好地掌握所学知识和技能。例如，在商务英语培训课程中，设置了模拟国际商务谈判、项目汇报等场景，让员工在实践中提高英语应用能力和跨文化沟通能力。

二、管理沟通中的 EAP 策略

在组织管理的复杂体系中，沟通如同连接各个环节的纽带，其有效性直接关系到组织的运行效率和团队的协作效果。而 EAP 作为一种综合性的员工支持服务，在提升管理沟通质量方面发挥着至关重要的作用。以下将围绕 EAP 在管理沟通中的策略展开深入探讨，并结合实际案例详细阐述其具体方法与实践效果。

1. 增强倾听能力

在管理沟通中，倾听是获取信息、建立良好人际关系的基础。然而，在实际工作场景中，选择性倾听、打断对方发言等问题普遍存在，严重影响沟通效果。在一线作业团队中，就曾因倾听不足导致工作失误频发。

在某钻井作业项目中，班组长老张在布置当天的工作任务时，新员工小李急于表达自己对作业流程优化的想法，多次打断老张的讲话。而老张也没有耐心听完小李的发言，认为他经验不足、想法不切实际，直接否定了小李的建议。结果在作业过程中，由于未考虑到小李提出的潜在风险点，导致设备出现故障，影响了整个项目的进度。此外，部分员工在与同事沟通时，存在选择性倾听的问题，只关注与自己观点相符的内容，对不同意见充耳不闻。在一次团队讨论钻井技术改进方案时，工程师老王只听进去了与自己想法相似的部分，忽略了其他同事提出的关于成本控制和实际操作难度的建议，最终导致方案在实施过程中因成本过高和难以落地而被迫中止。

EAP 深刻认识到倾听能力培养的重要性，通过多种方式帮助员工克服倾听障碍，提升倾听效果。首先，开展专业的倾听技巧培训课程，系统讲解倾听的重要性、常见倾听误区以及有效的倾听方法。培训师会结合实际工作案例，如上述钻井作业项目中的沟通失误，进行深入分析，让员工直观地认识到倾听不足带来的危害。在课程中，员工们学习到了“专注倾听”“复述确认”“不随意打断”等实用技巧。例如，在模拟工作沟通场景中，员工们练习在对方发言时保持眼神交流，通过点头、简短回应等方式给予对方关注，在对方讲完后，用自己的语言复述听到的内容，与对方确认信息是否准确。

为了帮助员工克服选择性倾听的问题，EAP 引入了“换位思考”训练。以钻井技术改进方案讨论为例，培训师组织员工进行角色扮演，让原本只关注自己观点的员工站在其他同事的立场上，思考他们提出建议的出发点和合理性。通过这种方式，员工们逐渐理解到不同意见对于完善方案的重要性，学会以开放的心态倾听各种声音。同时，EAP 鼓励员工在日常沟通中养成记录的习惯，将对方的发言要点记录下来，避免因遗忘重要信息而影响后续工作。

建立信任关系是鼓励开放沟通的关键，EAP 在这方面采取了一系列措施。在一些基层团队中，EAP 推动管理者定期与员工进行一对一的沟通交流，了解员工的工作和生活情况，让员工感受到被关注和重视。例如，某采油厂的车间主任每周都会抽出时间与员工单独谈话，认真倾听员工在工作中遇到的问题和对车间管理的建议。这种真诚的沟通方式，逐渐消除了员工的顾虑，使他们更愿意敞开心扉，分享真实想法。

此外，EAP 还通过组织团队建设活动来增强团队成员之间的信任。在一次户外拓展活动中，设置了“盲人方阵”“信任背摔”等项目。在“信任背摔”项目中，员工站在高处背向队友倒下，由队友接住。这个项目让员工深刻体会到信任他人和被他人信任的感觉，有效拉近了团队成员之间的距离。在后续的工作沟通中，员工们更加信任彼此，倾听时也更加耐心和专注，团队氛围变得更加和谐、融洽。

2. 促进反馈与改进

有效的反馈机制是组织持续改进的重要保障，EAP 在协助组织建立反馈机制、鼓励员工提供反馈方面发挥着积极作用。在部分部门中，过去由于缺乏有效的反馈渠道，员工的意见和建议难以传递到管理层，导致一些管理问题长期得不到解决，员工的工作积极性也受到影响。

为改变这一现状，EAP 协助建立了多元化的反馈渠道。首先，设立了线上匿名反馈平台，员工可以通过企业内部网络系统，在不透露个人信息的情况下，自由表达对工作流程、管理制度、团队协作等方面的意见和建议。例如，某炼油厂的员工通过线上平台反映了生产车间设备老化、安全隐患较多的问题，引起了管理层的高度重视，随后企业及时安排了设备检修和更新，消除了安全隐患，保障了员工的工作安全。

除了线上平台，EAP 还推动建立了定期的面对面反馈会议制度。在这些会议中，管理层与员工直接对话，倾听员工的诉求和想法。在某销售公司的反馈会议上，一线销售人员提出了销售奖励机制不合理、影响工作积极性的问题。管理层认真听取了员工的意见，并与员工共同探讨解决方案，最终对奖励机制进行了优化，提高了员工的工作热情和销售业绩。

为了鼓励员工积极提供反馈，EAP 开展了“反馈文化”建设活动。通过内部宣传、培训等方式，向员工传达反馈的重要性，强调每一条反馈都对组织的发展有价值。同时，对积极提供反馈并对组织改进有贡献的员工进行表彰和奖励。在一个工程项目部，员工小王提出的关于优化项目管理流程的建议，被采纳后有效提高了项目执行效率。公司对小王进行了公开表彰，并给予了物质奖励，这一举措激发了其他员工参与反馈的积极性。

EAP 还帮助管理者提升处理反馈的能力，确保反馈能够真正转化为改进措施。通过组织管理培训课程，教导管理者如何正确对待员工反馈，避免对反馈产生抵触情绪。同时，培训管理者分析反馈信息的方法，帮助他们从大量的反馈中筛选出关键问题，并制订切实可行的改进计划。例如，在面对员工关于工作任务分配不合理的反馈时，管理者学会通过数据分析和团队成员沟通，重新评估任务分配方案，根据员工的能力和特长进行合理调整。

在 EAP 的协助下，通过建立有效的反馈机制，形成了良好的反馈文化。员工能够更加自由地表达自己的想法和需求，管理者也能够及时了解到组织运行中存在的问题，并采取针对性的改进措施。这种良性循环不仅提升了员工的满意度和归属感，也推动了组织管理水平的不断提高，为企业的持续发展奠定了坚实基础。

三、高效执行中的 EAP 助力

在企业发展进程中，高效执行是实现战略目标的关键。员工工作动力、自律能力与团队合作精神作为影响执行效率的核心要素，直接关系到组织效能的发挥。EAP凭借其专业的服务体系和多样化的干预手段，为企业在提升执行效率方面提供了有力支持。以下将结合实际案例，深入探讨EAP在高效执行中的具体助力方式。

1. 提升员工动力

在销售团队中，员工工作动力不足的问题较为突出。随着市场竞争加剧，销售指标不断提高，部分员工出现了畏难情绪。通过EAP调研分析发现，员工动力不足的原因呈现多元化。从物质层面来看，原有的薪酬激励机制缺乏灵活性，奖金分配与业绩挂钩不够紧密，难以充分体现员工的工作价值；精神层面，员工长期处于高强度工作状态，却很少获得公开认可与表彰，成就感缺失；此外，员工个体职业发展需求未得到满足，部分员工在同一岗位工作多年，晋升渠道狭窄，对未来发展感到迷茫。

针对这些问题，EAP着手设计全面的激励机制。在物质激励方面，协助企业优化薪酬体系，建立与销售业绩紧密挂钩的阶梯式奖金制度。例如，对于超额完成销售任务的员工，除基础奖金外，额外设置不同层级的奖励系数，完成度越高，奖励系数越大。某销售区域在实施新的薪酬方案后，员工为了获得更高的收入，主动拓展客户资源，积极挖掘潜在市场需求，区域销售额在半年内提升了30%。同时，EAP还推动企业设立专项奖励基金，用于奖励在创新销售模式、开拓新市场等方面表现突出的员工，进一步激发员工的积极性。

在精神激励上，EAP引导企业构建多元化的表彰体系。每月评选“销售之星”，在公司内部刊物和办公区域展示优秀员工的事迹与照片；每季度举办销售经验分享会，邀请业绩突出的员工分享成功经验，给予他们展示自我的平台。某加油站员工小李，因创新推出“客户分层服务法”，显著提升了客户满意度和销售额，在季度分享会上获得公司高层的公开表扬，这不仅增强了小李的成就感，也激励了其他员工积极探索创新销售方法。此外，EAP还建议企业建立领导与员工的定期沟通机制，管理层通过一对一谈话，及时了解员工工作中的困难与需求，给予精神上的鼓励与支持，让员工感受到被重视。

2. 增强员工自律

在部分部门中，员工拖延、情绪管理不佳等问题影响了工作效率。以某工程项目部为例，一些员工在项目执行过程中，存在拖延任务的现象，导致项目进度滞后。经EAP分析发现，拖延的原因包括任务规划不合理、缺乏时间管理意识以及对任务难度的恐惧等；而情绪管理不佳则表现为在面对工作压力时，容易产生焦虑、烦躁等负面情绪，进而影响工作状态。

为解决这些问题，EAP提供了系统的时间管理培训。培训课程从时间规划、任务优先级设定、效率提升技巧等方面展开。通过教授“四象限法则”，帮助员工区分重要紧急、重要不紧急、紧急不重要、不重要不紧急四类任务，合理安排工作顺序。在培训实践中，员工小张运用四象限法则，将项目中的任务进行分类，优先完成重要紧急的任务，对重要不紧急的任务制订详细的执行计划，避免其转化为紧急任务。同时，培训还引入番茄工作法等工具，教导员工如何集中注意力，提高工作效率。经过一段时间的实践，小张的拖延问题得到明显改善，工作效率提升了40%，项目进度也逐步恢复正常。

3. 培养团队合作精神

在大型项目中，团队合作精神对于项目高效执行至关重要。然而，在实际工作中，部门之间存在沟通不畅、协作效率低下等问题。例如，在某炼化项目中，工程设计部门与施工部门由于缺乏有效沟通，设计方案在施工过程中频繁出现问题，导致工期延误，成本增加。

EAP通过组织丰富多样的团队建设活动，增强团队成员之间的信任与协作。在某项目团队中，EAP策划了“沙漠生存挑战”户外拓展活动。活动中，团队成员被分成若干小组，需要在沙漠环境中共同完成寻找水源、搭建营地、完成定向任务等挑战。在面对缺水、高温等困难时，小组成员相互扶持，有人负责寻找方向，有人负责体力消耗较大的搬运工作，有人则运用专业知识解决技术难题。通过共同克服困难，团队成员之间的信任得到极大提升，彼此之间的沟通和协作也更加顺畅。活动结束后，在项目讨论中，不同部门的成员能够站在对方角度思考问题，主动分享信息，有效减少了因沟通不畅导致的问题。

除了团队建设活动，EAP还开展合作技巧培训。培训课程涵盖团队沟通、冲突解决、角色分工等内容。在团队沟通培训中，通过模拟项目会议场景，教导员工如何清晰表达观点、倾听他人意见，避免沟通误解。在冲突解决培训中，以实际项目中出现的矛盾为案例，引导员工运用“积极倾听-换位思考-寻找共同利益”的方法解决冲突。例如，在某项目设备采购问题上，采购部门与技术部门因设备选型产生分歧，在EAP组织的冲突解决培训中，双方通过沟通了解到各自的关注点，最终找到兼顾技术要求和成本控制的解决方案。

四、团队正能量激发中的EAP作用

在企业发展的进程中，团队正能量的激发是提升组织活力、增强核心竞争力的关键要素。EAP凭借其丰富的资源整合能力与专业的服务体系，在营造积极氛围、提升员工幸福感、培养乐观心态等方面发挥着不可替代的作用。在长期的企业管理实践中，充分借助EAP的力量，成功激发团队正能量，为企业的可持续发展注入强劲动力。

1. 营造积极氛围

积极向上的工作氛围是企业发展的“软实力”，能够有效提升员工的工作热情与创造力。借助EAP，通过组织主题活动、强化文化宣传等方式，全方位传播组织价值观，打造充满正能量的工作环境。

在主题活动组织方面，EAP团队精心策划并开展了一系列特色活动。例如，为弘扬企业“爱我中华、振兴石化”的核心价值观，组织了“石化精神传承月”主题活动。活动期间，企业内部举办了多场专题讲座，邀请退休的老石化人分享他们在艰苦创业时期的奋斗故事。在某炼化企业的讲座中，一位有着40年工龄的老工程师讲述了自己参与建设第一座现代化炼油厂的经历，从物资匮乏时期的艰难施工到攻克技术难题的喜悦，生动展现了石化人不畏艰难、勇于创新的精神。这些真实且感人的故事，让年轻员工深刻感受到企业精神的内涵，激发了他们的工作使命感与责任感。

此外，EAP还组织了“创新创意大赛”，鼓励员工围绕生产工艺优化、管理流程改进等方面提出创新方案。在某销售公司的比赛中，员工们积极参与，提出了许多具有可行性的创意，如基于大数据分析的精准营销方案、线上线下融合的客户服务新模式等。通过比赛，不仅激发了员工的创新思维，还在企业内部形成了勇于探索、敢于突破的良好氛围。同时，EAP将优秀的创新案例整理成册，在企业内部进行宣传推广，进一步扩大了创新活动的影响力。

2. 提升员工幸福感

员工幸福感是影响工作绩效和企业发展的重要因素。当员工感到幸福时，他们更愿意投入工作，创造力和忠诚度也会显著提升。EAP通过提供心理健康服务、优化福利保障等措施，切实提升员工幸福感，增强员工对组织的归属感。

在心理健康服务方面，建立了完善的EAP心理健康服务体系。设立了24小时心理咨询热线，为员工提供随时的心理支持。某员工因家庭矛盾产生焦虑情绪，在深夜拨打了咨询热线，心理咨询师耐心倾听他的烦恼，通过专业的疏导，帮助他缓解了情绪，并提供了改善家庭关系的建议。此外，企业还在各分支机构设立了心理咨询室，配备专业的心理咨询师，为员工提供面对面的心理咨询服务。

EAP定期组织心理健康培训和讲座，内容涵盖压力管理、情绪调节、人际关系处理等方面。在某工程公司的培训中，邀请心理学专家为员工讲解如何应对工作压力，通过案例分析、现场互动等方式，教授员工实用的压力管理技巧，如深呼吸放松法、时间管理策略等。同时，开展心理健康筛查，通过专业的测评工具，及时发现员工潜在的心理问题，并为需要帮助的员工提供个性化的心理干预方案。通过这些心理健康服务，员工能够更好地应对工作和生活中的压力，保持良好的心理状态，幸福感得到有效提升。

五、团队冲突化解中的 EAP 介入

在企业运营过程中，团队冲突是难以避免的现象。不同类型的冲突若得不到妥善处理，不仅会影响团队成员的工作情绪与协作效率，还可能对企业的整体发展造成阻碍。EAP 凭借其专业的分析与干预能力，在团队冲突化解中发挥着关键作用。在长期的管理实践中，积极引入 EAP 介入团队冲突管理，积累了丰富的经验，为众多企业提供了可借鉴的范本。

1. 冲突根源识别

团队冲突主要分为任务冲突、关系冲突等类型。任务冲突通常围绕工作目标、任务分配、工作流程等方面产生；关系冲突则源于团队成员之间的性格差异、价值观分歧、沟通障碍等因素。在某炼化项目团队中，曾同时出现这两种类型的冲突。

在任务冲突方面，项目组在设备采购环节出现分歧。技术部门从设备性能和技术先进性角度出发，主张采购国外进口的高端设备，认为这能确保生产工艺的稳定性和产品质量；而采购部门则考虑成本控制，倾向于选择国内性价比高的设备。双方各执一词，互不相让，导致采购工作停滞不前，项目进度受到影响。深入分析发现，冲突的根源在于部门利益分配不均以及缺乏统一的决策标准。技术部门关注设备对生产技术提升的作用，而采购部门的绩效考核与成本控制紧密相关，这种利益导向的差异使得双方在决策时难以达成共识。

关系冲突同样存在于该团队中。两名来自不同地域的工程师，因工作风格和沟通方式的差异产生矛盾。一位性格直爽，习惯直接指出问题；另一位则较为含蓄，对这种沟通方式感到不适，认为对方不尊重自己。随着时间推移，矛盾逐渐升级，两人在工作中相互抵触，甚至拒绝合作，影响了整个团队的工作氛围。这一冲突的本质是文化差异和沟通不畅导致的人际关系紧张。

EAP 帮助管理者和员工识别冲突根源时，可采用多种方法与工具。首先是问卷调查法，通过设计包含工作满意度、团队协作、沟通情况等维度的问卷，对团队成员进行调查。在某销售团队冲突调查中，问卷结果显示，35%的员工认为任务分配不合理是导致冲突的主要原因，28%的员工指出沟通障碍是影响团队和谐的关键因素。这些数据为后续分析冲突根源提供了量化依据。

其次是访谈法，EAP 专员与团队成员进行一对一深度访谈，倾听他们对冲突的看法和感受。在炼化项目团队的访谈中，技术部门员工透露，他们坚持采购进口设备是因为担心国内设备无法满足技术要求，影响项目成果；采购部门员工则表示，成本压力过大，若超出预算会影响部门绩效。通过访谈，EAP 专员深入了解到双方的真实想法和利益诉求。

此外，EAP 还运用冲突分析矩阵工具，从冲突的强度、影响范围、持续时间等维度对冲突进行评估，帮助明确冲突的性质和根源。在分析上述炼化项目的冲突时，通过矩阵评估发现，设备采购的任务冲突强度较高，影响范围涉及多个部门，且已持续较长时间，需优先解决；而工程师之间的关系冲突影响范围相对较小，但有进一步恶化的趋势，也需及时干预。通过这些方法和工具，EAP 能够精准识别冲突根源，为后续的冲突化解提供有力支持。

2. 冲突解决与协商促进

以某管道建设项目团队为例，在项目施工方案讨论中，设计部门与施工部门产生严重分歧。设计部门提出的方案注重技术标准和长期稳定性，但施工难度大、成本高；施工部门则希望简化方案，以降低施工难度和成本，但担心会影响工程质量。双方在会议上激烈争吵，导致讨论无法继续，项目推进陷入僵局。

EAP 迅速介入，组织了冲突解决工作坊。工作坊邀请专业的冲突调解专家担任引导师，将冲突双方聚集在一起。首先，引导师让双方依次陈述自己的观点和理由，在陈述过程中，要求另一方认真倾听，不得打断。设计部门详细阐述了方案的技术优势和对工程长远发展的重要性，施工部门也表达了实际施工中面临的困难和成本压力。通过充分的表达，双方逐渐理解了对方的立场和出发点。

接着，引导师运用“利益交换”策略，帮助双方寻找共同利益点。经过分析发现，双方的共同目标是确保项目顺利完成，同时满足质量和成本要求。基于此，引导师引导双方围绕共同目标进行协商，提出解决方案。例如，在保证关键技术指标的前提下，对设计方案进行适当优化，降低施工难度；同时，施工部门通过优化施工流程、提高管理效率来控制成本。在协商过程中，EAP 还提供沟通技巧培训，教导双方如何清晰表达观点、有效倾听意见、避免情绪化表达。如使用“我信息”表达法，将“你方案根本不可行”改为“我担心这个方案在施工中会遇到成本超支的问题”，减少对方的抵触情绪。

经过多次协商和调整，双方最终达成共识，形成了新的施工方案。新方案既保证了工程质量和技术要求，又降低了施工难度和成本。在后续的项目执行中，EAP 持续跟进，定期组织双方沟通，确保方案顺利实施。通过 EAP 的介入和引导，不仅解决了此次冲突，还增进了设计部门与施工部门之间的理解与信任，为后续的合作奠定了良好基础。

3. 冲突解决机制建立

EAP 协助建立完善冲突解决机制，是一个系统且持续的过程。首先是明确冲突解决流程，分为冲突识别、评估、协商、解决和反馈五个阶段。当团队中出现冲突迹象时，相关人员或管理者需及时上报，EAP 专员进行初步评估，判断冲突的类型、严重程度和影响范围。根据评估结果，组织冲突双方进行协商，制订解决方案并实施。在解决方案实施后，收集各方反馈，评估解决效果，若存在问题则及时调整优化。

在设立冲突解决机构方面，成立了由人力资源部门、EAP专员和各部门代表组成的冲突调解委员会。该委员会负责处理跨部门、跨层级的重大冲突，确保冲突解决的公正性和专业性。对于一般性冲突，则由各部门内部的EAP联络人协助解决。例如，在某油田的采油作业区，设立了基层冲突调解小组，由经验丰富的班组长和EAP培训过的员工组成，他们能够及时发现并处理员工之间的小摩擦，将冲突化解在萌芽状态。

为确保冲突解决机制的有效性，EAP定期对机制进行评估和改进。通过问卷调查、员工访谈、案例分析等方式，收集员工对冲突解决机制的满意度情况和建议。在一次评估中，发现部分员工认为冲突解决流程过于烦琐，影响解决效率。针对这一问题，EAP组织相关人员对流程进行优化，简化了一些不必要的环节，提高了冲突解决的时效性。同时，根据企业发展和员工需求的变化，不断调整和完善冲突解决机制，使其更好地适应企业管理的需要。

通过EAP在冲突根源识别、冲突解决与协商促进以及冲突解决机制建立等方面的全面介入，有效化解了团队冲突，维护了团队的和谐稳定，提升了企业的管理效能，为企业的持续健康发展提供了有力保障。

第四节　典型案例分析

一、某工程建设公司项目攻坚期的EAP介入

|案　例|

某工程建设公司承接了一项国家级重点炼化工程，项目工期紧、任务重，需在18个月内完成复杂的设备安装与调试工作。项目团队由来自设计、施工、监理等多个部门的500余名员工组成，面对高强度的工作节奏和严苛的质量标准，员工长期处于加班状态。随着项目进入攻坚阶段，设备安装出现技术难题，部分关键节点进度滞后，导致员工压力骤增，团队士气低落，甚至出现因疲劳作业引发的安全事故隐患。

1. 专家分析

从心理学层面剖析，员工存在过度疲劳与焦虑情绪，长时间加班导致身体和心理双重透支，对项目能否按时完成产生强烈不安；同时，团队协作效率下降，各部门间因责任划分不清、沟通不畅，频繁出现相互推诿现象。例如，施工部门

因设计图纸变更频繁，与设计部门多次发生争执，延误了施工进度。从管理学角度来看，问题根源在于任务分配不合理，未充分考虑员工的工作负荷和专业能力；激励机制缺失，员工长期高强度工作却缺乏相应的奖励与认可，导致工作积极性受挫。

2. 专家支招

EAP 团队采取“减压-赋能-激励”三阶段策略。

第一阶段：压力缓解与身心调节。

开设“项目攻坚减压营”，在施工现场设置临时放松室，配备按摩椅、冥想引导音频等设备，员工可在工间休息时进行放松。组织“正念减压”培训，教导员工运用正念呼吸、身体扫描等技巧缓解疲劳。同时，为员工提供健康管理服务，安排专业营养师制订营养套餐，定期进行体能检测，确保员工身体健康。

第二阶段：能力提升与协作优化。

针对技术难题，联合外部专家开展“技术攻坚培训”，通过案例分析、现场指导等方式，帮助员工掌握关键技术。引入项目管理工具培训，提升团队的计划制订、进度跟踪能力。组织“高效沟通工作坊”，通过模拟项目例会、跨部门协调会等场景，让员工学习结构化表达、主动倾听等沟通技巧，明确各部门职责边界，减少推诿现象。

第三阶段：激励体系构建与士气提振。

协助企业建立“项目攻坚奖励机制”，设立进度奖、质量奖、创新奖等多个奖项，对表现突出的个人和团队进行即时表彰与奖励。开展“攻坚先锋”评选活动，通过内部宣传平台展示优秀员工事迹，增强员工的荣誉感。同时，组织家属慰问活动，邀请员工家属参观项目现场，让家属了解员工工作的重要性，给予员工情感支持。

该案例启示了在项目攻坚期，EAP 需兼顾员工身心状态与工作效能。通过及时减压措施保障员工健康，依托能力培训提升工作质量，借助激励机制激发工作热情。企业应将 EAP 纳入项目管理体系，为高强度工作场景下的员工提供持续支持，确保项目高效推进。

二、某销售区域团队市场竞争加剧下的 EAP 实践

| 案 例 |

某销售区域团队负责华北地区成品油零售业务，近年来随着新能源汽车普及和民营加油站价格战冲击，市场份额持续下滑。为扭转局势，公司制订了“客户体验升级”战略，要求团队在 3 个月内完成加油站服务标准化改造，并推出数字化营销新举措。然而，团队成员长期处于传统销售模式，对新战略执行存在抵触

情绪，部分员工因担心考核压力增大产生离职意向，客户投诉率不降反升，市场竞争形势越发严峻。

1. 专家分析

从心理学角度分析，员工存在抵触心理和职业倦怠情绪。面对新战略带来的工作内容和考核标准变化，员工对自身适应能力缺乏信心，产生逃避心理；长期高强度且重复性的工作，导致员工工作热情消退。从管理学角度来看，问题根源在于战略宣贯不到位，公司未向员工充分解释新战略的必要性和意义；培训体系不完善，员工缺乏执行新战略所需的数字化营销和服务创新技能。例如，在推广线上加油小程序时，员工因不熟悉操作流程，无法有效向客户介绍，导致客户体验不佳。

2. 专家支着儿

EAP 团队采取“认知重塑-能力赋能-激励引导”策略。

第一步：战略认知与心理疏导。

开展“战略解码工作坊”，邀请公司高管与 EAP 专家共同解读“客户体验升级”战略的背景、目标和员工获益点，通过案例分析展示新战略对个人职业发展的积极影响。同时，组织“变革适应”培训，教授员工应对变革的心理调适技巧，如“情绪 ABC 理论”应用，帮助员工转变对新战略的认知。

第二步：技能培训与实战演练。

联合外部机构开展“数字化营销与服务创新”系列培训，内容涵盖线上平台运营、客户数据分析、个性化服务设计等模块。通过“角色扮演”“模拟营销场景”等方式，让员工在实践中掌握新技能。例如，设置“客户投诉处理模拟竞赛”，评选优秀服务案例并进行内部推广，提升员工服务水平。

第三步：激励体系优化与文化营造。

协助企业建立“客户体验积分制”，将服务质量、客户满意度等指标与绩效奖金挂钩，设立“服务之星”“创新先锋”等荣誉奖项，对表现突出的员工进行公开表彰。同时，开展“最美服务瞬间”摄影比赛、服务经验分享会等活动，营造积极向上的团队文化，增强员工的归属感和荣誉感。

该案例表明，在市场竞争压力下，EAP 需以战略落地为核心，通过心理疏导消除变革阻力，依托技能培训提升执行能力，借助激励机制激发员工积极性。企业应将 EAP 作为战略执行的重要支撑，确保战略目标有效转化为员工行动。

三、某油田基层班组人员流动频繁的 EAP 干预

| 案　例 |

某油田的基层采油班组长期面临人员流动频繁的问题。由于野外作业环境艰

苦、工作强度大，新入职员工平均离职率高达30%，且老员工因长期高强度工作，出现职业倦怠、工作积极性下降的问题。频繁的人员更替导致班组工作衔接不畅、安全事故隐患增加、采油效率显著下滑，严重影响油田整体生产计划。

1. 专家分析

从心理学角度来看，新员工存在环境适应困难和职业认同感缺失的问题。面对恶劣的工作环境和单调的作业内容，新员工难以融入团队，对职业发展前景感到迷茫；老员工则因长期重复劳动，产生工作疲惫感和价值感降低。从管理学角度分析，问题根源在于新员工培训体系不完善，缺乏系统的岗前适应培训和职业引导；激励机制单一，未能有效满足员工的物质和精神需求。例如，新员工入职后仅接受简单的安全培训便上岗作业，对工作流程和团队文化缺乏深入了解，导致工作中频繁出错，进而丧失信心。

2. 专家支着儿

EAP团队针对新老员工的不同需求，制订差异化干预方案：

（1）新员工关怀计划

在新员工入职前，开展“油田生活体验营”活动，组织新员工提前参观作业现场，了解工作环境和生活设施，降低入职后的陌生感。在新员工入职后，为每位新员工配备“双导师”——一位技术导师负责工作技能指导，一位心理导师关注其心理状态和职业适应情况。定期组织新员工座谈会，倾听他们的困难和建议，并及时给予帮助。同时，开展“职业探索工作坊”，通过职业测评、行业前景分析等方式，帮助新员工明确职业发展方向，增强职业认同感。

（2）老员工赋能计划

为老员工提供“职业转型培训”，根据其个人意愿和能力，开设设备维护管理、基层管理等进阶课程，拓宽职业发展路径。组织“压力管理与心理调适”培训，教授老员工放松技巧和情绪调节方法，缓解职业倦怠。设立“老员工荣誉体系”，对工作年限长、贡献突出的员工授予“油田功勋员工”称号，并给予物质奖励和精神表彰。同时，开展“经验传承”活动，鼓励老员工与新员工结对，分享工作经验和生活感悟，增强团队凝聚力。

（3）团队氛围营造

定期组织班组团建活动，如野外拓展、文艺晚会等，增进员工之间的感情。建立班组内部沟通平台，方便员工随时交流工作和生活中的问题。EAP专员定期参与班组会议，协助班组长关注员工心理状态，及时发现并解决潜在矛盾。

此案例表明，应对人员流动问题，EAP需关注新老员工的差异化需求，通过系统的培训、针对性的心理支持和完善的激励机制，帮助新员工快速适应环境，激发老员工的工作热情。同时，注重团队文化建设，增强员工的归属感和凝聚力，这是解决人员流动问题的关键所在。

第四章 EAP与安全

本章讨论EAP如何在安全管理工作中发挥作用。您将看到：安全生产中的心理活动和EAP在安全管理中的创新应用，以及典型案例分析三部分内容。在安全生产中的心理活动部分，阐述了为什么要关注安全心理，总结了安全生产中的心理活动，包括安全行为与不安全行为；易引发事故的五种心理状态。在EAP在安全管理中的创新应用部分，首先对安全事故责任者的心理状态进行分析。总结了事故发生前、中、后的心理特点及应对。在此基础上，揭示事故责任者心理原因与开发安全心理“软件”。在本章末尾，介绍了三个典型案例，通过案例介绍、专家分析、专家支着儿等环节，展现EAP在安全工作中的具体应用。

第一节　EAP 工作与安全生产的关系

随着社会的快速发展与升级转型，企业面临着越来越大的挑战。企业中的员工普遍面临保质保量准时完成工作的业绩压力、严格遵守法律法规和企业规章的纪律压力、个人素质提高的自我增值压力和生活成本不断提高的财务压力。这四大压力若长期得不到排解，极易诱发心理问题，心理调节能力较弱的员工有可能把恶劣的情绪带到工作中，给安全生产带来严重威胁。面对诸多棘手的现实问题，怎样构建和谐劳动关系，促进企业科学稳定发展，实现企业与员工的双赢，考验着企业管理者的智慧与水平。EAP 服务可以从疏导员工情绪、促进员工心理健康等方面入手，为企业的安全生产保驾护航。

EAP 是在整合临床心理学、组织行为学、社会心理学、社会学、健康与医疗、人力资源等学科基础上的应用。EAP 依托的专业，包括病理心理学、临床心理学、积极心理学和后现代心理学。中国 EAP 密切契合中国国情和企业特色，凸显东方文化独特魅力，散发华夏五千年人文意境。

从 EAP 的视角可以看到组织的全貌、人的全貌，强调人的重要性、接纳更多的不确定性，看到更多的可能性，接纳并呈现每个人的独特性，塑造人的正向思维方式和积极心态，将人的价值发挥到最大。这与安全生产工作中强调、注重“人”的因素不谋而合。

EAP 整合各学科知识，从心理学到管理学，从社会学到组织变革等，旨在从被动应对企业需求到主动了解需求、解决问题。病理的视角往往更容易看到问题，而整合的视角则聚焦于积极面对挑战和问题，主动预测安全生产所面临的问题，实地研究、依托学科与专业优势，探索研发设计本土化、有实效、可操作的安全生产解决方案。

EAP 的服务对象不仅包括企业中的普通职工，也包括企业的决策层和管理层。EAP 不仅帮助员工解决工作和生活中的各种问题，还对管理层及公司负责，帮助企业建立企业安全文化、协调企业内部关系、提高企业整体的健康水平、协助企业应对危机事件、增强企业的安全系数。EAP 的服务内容与安全相关职能的有机整合与促进，将有效地提升员工的心理素质、职场胜任力和幸福感，还能助力管理者致力于具体管理场景的问题解决和促进目标实现等。

EAP 与其他文化传播、心理成长、精神文明建设相结合，并将 EAP 服务融入社会主义核心价值观、传统文化、国学经典等中，全面促进人的精神境界提升与人性成长，有助于企业进行积极健康的企业安全文化建设。

第二节 安全生产中的心理活动

一、安全行为与不安全行为

1. 安全行为

安全行为，主要是指安全生产，是人们在劳动生产过程中，表现出来的保护自身和保护设备、工具等物质的一切动作。这种行为是由安全价值观诱导的，并具有极大的约束作用。如登杆作业前，人们心里会想到存在高空坠落的危险，因此，上杆后能及时系好安全带；又如在电气操作时，人们也会想到有触电的危险，所以操作前戴好绝缘手套、穿好绝缘鞋。

所谓安全行为，就是指人在生产生活中所表现的，理智地调整自己的心理状态，控制消极情绪和无规则(安全法律、规程制度)约束力等容易带来各种伤害的不理智行为。人的安全行为受安全意识水平和安全认知程度的调节，受思维、情感、意识等心理活动的支配，同时也受人生观、安全价值观和世界观的影响。

| 案　例 |

某火电厂电气值班员在电缆沟巡检时察觉到绝缘材料焦煳气味，准确判断为电缆接头过热。他迅速上报主控室请求停运故障线路，并携带绝缘灭火器待命，成功避免了一起火灾。该案例体现出高度警觉性与专业处置能力的重要性。

2. 不安全行为

不安全行为，是指人在劳动过程中表现出来的失去控制的、非理智的、无规则(安全法律、规程制度)约束力的行为。理智可以简单地解释为知道什么是应该做的，什么是不应该做的，在头脑中时刻有规则的约束力。

不安全行为威胁着人身安全和设备安全，由不安全行为引发的事故不仅造成企业的财产损失，而且往往伴随着人员伤亡、资源损失，大的事故还会影响到家庭幸福、企业安全生产，给个人、企业和国家造成巨大的经济损失。由不安全行为表象所导致的事故，透视出的问题是人的心理不健康，缺乏安全责任感，个人防护意识较差，对不安全行为促成事故的后果及开展安全心理教育、预防事故的重要性认识不足。

人的行为会受到多种因素影响，不安全行为较多的情形是由员工不良的心理品质及行为习惯(自身的因素)等内在的因素和外部原因所促成的。员工安全意识较差、心理状态不佳、休息不好疲劳(因加班加点或玩麻将、上网等)、违反规程制度、习惯性违章和安全防护知识及生产技能不能满足安全生产需要是造成各类人为责任生产事故的主要原因。

无数事故教训提醒人们：不良的个性心理特征，在一定的条件影响下，会交织产生不安全的心理活动，所表现的各种习惯性违章、非理智的不安全行为，又常是酿成安全生产事故的直接原因。事故多种多样，事故原因也很复杂，复杂的、不安全的心理活动是事故原因复杂性的隐性因素。

|案　例|

某电厂检修工长期纪律涣散、责任感薄弱，存在侥幸与省事心理。在一次氢罐作业中，未参加班前会、未执行安全检查规程，盲目焊接导致氢气爆炸，造成员工严重烧伤。

为了吸取事故教训，保证安全生产，保护劳动者生命安全和设备安全，不仅要研究员工的心理活动与安全行为，更要结合产生不安全行为的原因，制订消除不安全行为的对策。

|案　例|

某厂庆祝安全生产5000天期间，一名电气值班员因情绪兴奋、注意力分散，违规带负荷拉闸，造成自身烧伤及多线路跳闸，使企业安全纪录戛然而止。

如果通过安全心理学培训，能使员工多懂得一些安全心理知识，掌握心理健康状态自测方法，及时调节不良心理反应，这对提高员工安全心理素质，增强员工遵规守纪的自觉性，进而抑制不安全行为，构筑有规则约束力的安全心理防线，有着更大的意义和更显著的效果。

EAP可以帮助各级生产决策者、各级生产技术行政领导（包括班组长）和安全生产监督人员，对非理智的不安全行为的危险性有深刻的认识，对安全行为保证人身安全和设备安全的重要性有正确的理解，从行为科学的角度充分认识到，员工的心理活动必然影响个体行为，个体行为又与安全生产密切相关。从而主动研究员工心理活动与行为的相互影响，运用安全心理学知识，列举不安全行为的表现，分析产生不安全行为的原因，研究消除不安全行为的对策。在生产工作中善于“察其言、观其行”，并能及时地了解员工的心理活动及其规律，有针对性地进行安全心理教育，矫正心理问题，激发安全行为。遏制不安全行为，减少人的失误，以预防为主，做好事故应急心理和行为准备，提高抗击突发事故灾难能力。

二、易引发事故的心理状态

1. 侥幸心理

生产中虽然有某种危险因素存在，但只要人们充分发挥自己的自卫能力，切断事故链，就不会发生事故。但是，人的需要和期望经常受到群体效应的影响，在安全事故方面尤其如此。事故是小概率事件，在工作现场看到多数人违章操作也没发生事故，人们就容易产生侥幸心理。在事故案例中可以发现明知故犯的违章操作占有相当的比例。例如，某滑石矿运输工人不懂爆破知识，为了紧急出矿，抱着侥幸心理冒险进行爆破作业，结果发生事故，当场被炸死。

2. 省能心理

人类在同大自然长期斗争的过程中养成了一种心理习惯，总是希望以最小的能量(或者说付出)获得最大效果。这当然有其积极的方面，鼓励人们在生产生活各方面尽量以最小的投入获取最大的收获。关键是如何把握“最小”这个尺度，在安全生产上，这种心理就会产生简化作业的行为。这个“最小”如果超出了安全的范围，目标将发生偏离和变化，就会从量变到质变，产生造成事故的心理因素。

|案　例|

某铁厂维修高炉时，工人为图省事未清除冰块，在下方作业时被坠冰砸伤。

省能心理还表现为嫌麻烦、怕费劲儿、图方便、得过且过的惰性心理。

|案　例|

某运输工发现隐患却敷衍处置，最终导致翻车。

3. 逆反心理

逆反心理是指在好胜心、好奇心、求知欲、偏见、对抗情绪等心理状态下产生的，与常态心理相对抗的心理状态，就是偏去做不该做的事情。

|案　例|

某工人出于好奇和无知，用火柴点燃乙炔发生器浮筒上的出气口，结果发生爆炸致自身死亡。

4. 凑兴心理

凑兴心理是社会群体中产生的一种人际关系的心理反应，多见于精力旺盛、能量有余而又缺乏经验的年轻人，从凑兴中得到心理上的满足或发泄，剩余精力旺盛易导致不理智行为。如汽车司机开飞车、争相超车以致酿成事故的行为为数不少。开玩笑过程中导致事故也属凑兴心理造成的危害。

5. 群体心理

社会是个大群体，工厂车间也是群体工人所在，班组则是更小的群体。群体无论大小都有自己的标准，有正式规定的，也有不成文的。人们通过模仿、暗示、服从等心理因素互相制约，有人违反这个标准就受到群体的压力和“制裁”，如果群体规范是符合目标期望的，就产生积极的效果，反之，则产生消极效果。如果违反规程的行为无人反对或有人带头违反规程，这个群体的安全状况就不会好。可以利用群体心理形成良好的规范，使少数人产生从众行为，养成安全生产的习惯。

第三节　EAP 在安全管理中的创新应用

一般情况下，事故发生是一种连续的循序渐进的演化过程。例如，生产设备中转动机械的烧瓦事故，最初表现为轴承振动、串轴、异音、异味、发热等显性因素。在这个过程中，如果不及时发现并采取相应措施而任其运行下去，就会导致设备损坏事故。所以事故的发生不是神秘的，也不是不可知的，它是由事故因素的集合和相互作用的结果造成的。如果能够有效地把握和分析事故因素，找准事故的真正原因，采取切实可行的安全措施，事故的发生是完全可能避免的。

在安全生产中常常存在一些与安全密切相关的心理状态，这些心理状态如果调整不当，往往是诱发事故的重要因素。

一、安全事故责任者心理状态分析

1. 责任者心理分析是预防事故的重要环节

“事必有因，孤掌难鸣。”任何事物都是由多种因素互相作用构成的。分析事故原因时，不仅要分析不安全行为表象，更要深层次地分析隐性的内在心理因素。这样，才能做到追根究底，找出事故的真正原因；才能真正吸取事故教训；才能有的放矢制订应对措施。所以，正确辨识和分析事故发生前后及过程中心理状态与矫正工作，是预防和消灭事故最重要的一个环节。

2. 掌握不同状态下事故心理及矫正方法是避免失误行为的关键

事故的类型多种多样，事故的原因也很复杂。准确把握员工不良的心理脉搏，需要研究不同状态下导致事故的心理因素及矫正的方法。运用安全心理学分析事故发生前后及过程中的心理状态，对症下药，就会发现和解决很多因不健康的心理因素导致的违章行为造成的事故。

二、事故发生前的心理特点及应对

事故前当事人可能存在图省事的“取巧心理”、违章蛮干的“侥幸心理”、争强好胜的“逞能心理”、明知故犯的“冒险心理”、一知半解的“无知心理”、心绪不宁的“厌倦心理”、主观臆断的“盲目心理”、思想松懈的“麻痹心理”、独断专行的“权欲心理”等，这些心理常常是引发事故的隐性诱因。

1. 习以为常，思想麻痹

这种不良心理，往往反映在一些有一定经验的员工身上。由于是经常做的工作，容易形成习惯性思维，所以在完成具体生产任务时，总是习以为常，并不感到有什么危险；这项工作已做过很多次，因此不在乎；没有注意到周围的“异常”现象，存在一种麻痹思想，对“异常”现象缺乏敏感的反应。在这种心理状态的支配下，沿用以往习惯的方式进行操作，凭“老经验”行事，放松思想警惕，以致酿成灾祸。

| 案　例 |

东北某电厂内燃机车司机依赖经验操作，未核实煤车数量，导致车辆撞毁解冻库山墙。

应对：管理者有意识地对员工开展经常性的安全思想教育活动。这是矫正“习以为常”“思想麻痹”不良心理的有效方法。按客观规律办事，自觉遵章守纪，工作中保持高度注意，善于发现异常现象，是矫正“习以为常”心理的关键。具体办法包括但不限于：利用各种机会学习安全工作规程或事故案例等；做每天的危险点分析和事故预想；定期组织职工熟悉生产工作环境和作业条件，做到“警钟长鸣”；强化岗位技能培训，深入分析各种异常现象产生的原因和可能引发的事故，结合实际，启发和提高员工观察事物的敏感性，克服麻痹性。

2. 受激情的影响，思想不集中

操作人员有特别高兴或生气的事容易引发事故。比如，刚刚发生了争执，心中不愉快；受到领导批评而闹情绪；遇到特别高兴的事感情冲动；遇到特别伤心的事情绪低落，思想无法集中等情况。受激情的影响，理智感和分析能力受到抑制，操作中思想紊乱，导致事故的发生。

对员工进行个性、意志、情操的陶冶，培养健康向上的情绪和理智自控能力。加强个性修养，养成善于控制激情强度均衡性和增强注意力的个性品格。自觉协调，平衡心理矛盾，克服不良心态，始终保持正常的心理过程和健康、乐观、奋发、向上的情绪。

3. 不懂装懂，自以为是

专业技术能力不强，没有娴熟的岗位技能和足够的经验，但过于自信、不懂装懂、自以为是，不能虚心向别人学习，工作中实施错误的做法，终于酿成了事故。“无知者无畏”“初生牛犊不怕虎”都是无知的表现。

| 案　例 |

某电厂新入职大学生未通过考核却擅自带人参观现场，3 人坠入电缆竖井致重伤。

应对：管理者要教育员工消除爱面子、求虚荣及“不懂装懂，自以为是”的错误心态。在员工头脑中建立解放思想、实事求是的理念，虚心、刻苦地努力学习，不断提高专业技术理论水平和岗位技能，以适应生产的不同需要。

4. 依赖别人，存在侥幸

自己主观上不积极努力，不严格按照自己承担的作业项目和操作程序进行工作，总是图省事、取巧、省力，想依赖别人，有“干活的人不只我一人”的想法。徒弟与师傅一起工作时，一般徒弟会有依赖思想；在执行监护制度时，若监护人与操作人的水平相当，两人都有可能产生依赖心理，导致失去监护作用，发生事故。

|案 例|

某变电站倒闸操作中，操作人与监护人过度信任对方，未执行核对程序，引发停电事故。

应对：要教育员工排除被动，清楚自己在工作中应负的安全责任，不盲目随从或依赖他人，积极主动、认真负责地去完成工作。用相关的事故教训警示员工，使员工建立高度的责任感和安全生产法治意识。

5. 心情紧张，判断失误

这种情况较多地发生在新员工（或转岗员工）第一次担任独立操作时；从事复杂的任务或过去未进行过的工作时；计划的时间快到了，忙于赶任务时；在进行复杂的事故处理时；年末即将实现全年无事故兑现奖励或上级来检查工作等原因。这些情况会使职工心情紧张，心理压力增大，对外界情况没有正确的反应，对注意力分配不当，顾此失彼，忙中出错。严重的过度紧张会导致判断失误和操作错误，诱发事故的发生。

|案 例|

某发电厂一名司机，由于心情紧张，误判电动机出现故障，将电源切断，使汽轮机轴瓦断油，造成重大设备损坏。

应对：企业应做好员工心理疏导工作。矫正心情紧张，判断失误最好的办法是锻炼良好的心理品质，重视对员工进行安全心理素质培养。员工要以一种平常的心理状态工作。对新员工（或转岗员工）第一次担任工作前，领导与其进行谈话，鼓励其树立信心，建立“我能行”的信念，必要时，可在旁进行安全监护、指导，以消除其紧张情绪。在进行过去未做过的较复杂的工作前，组织有关人员反复模拟演练，达到熟练程度。多组织员工参加事故预想及反事故演习，提高自己的经验值。调节好心情状态，准确判断，能够避免发生误操作。员工做到了心情平稳，也就不至于手忙脚乱了。

6. 盲目无知，藐视规程制度

盲目无知常发生在新员工、新转岗的员工、刚刚走上管理岗位的生产管理人员和对规程制度满不在乎的人身上。这些人员对各项安全规程掌握得不全面；对安全生产责任制度熟视无睹；对曾发生过的生产事故及工作中失误的教训缺少了解；对不安全因素和违章的危险性认识不足。盲目无知，藐视规程制度的员工，大多是平时工作中自由散漫的人。这类人常表现为不懂装懂、自以为是、投机取巧，对规章制度满不在乎，规程制度执行不认真，工作中存在着盲目行为。

| 案　例 |

某职工在高处作业时，将安全带割短，从高处坠落重伤。据了解，其他的班组也长期存在类似的操作。

在生产过程中，这些人存在着一定的盲目性和随意性，对规程制度表现出无所谓的藐视心理。不知道企业及本岗位的危险点和危险源在哪里；不知道怎样避免和防范突发性事故；不知道哪些行为是威胁人身、设备安全的。出了事故以后，不知道吸取教训，为安全生产埋下隐患。

应对：辨识出这些人员，首先对其进行安全思想教育和岗位安全责任意识教育，进行职业道德和安全法制教育，进行规程制度和典型事故案例的教育。借鉴典型事故案例，安排他们到事故现场参观。采取直观、立体式的安全教育形式，请事故当事人现身说法，吸取事故教训，提高安全生产观念和岗位安全责任意识。对那些经过多次培训教育仍然保持原有心理状态的人，应建议调离。

7. 情绪低落，行动消极

生活和工作中遇到挫折和不顺心的事，容易产生消沉的不良心理。如生活中夫妻吵架、失恋、孩子没考上大学；工作中和同事闹别扭，出现了差错受到领导的批评或罚款等。有些员工在生产工作中出现问题，受到批评或处罚，容易情绪低落，特别是有的生产管理者工作方法不当，考核或处分过于严厉。个别情况下，一些领导与员工关系不够融洽，处理工作中问题缺乏“人性化”或不够公正，容易造成员工心理压抑、情绪低落。具体表现在沉默少语，行动上不愿与人交往、工作消极，缺乏信心和责任感。心里不痛快时，消极情绪占了上风，可能产生烦躁、消沉、怨恨等不良心境，从而会引起行动上的消极，工作中缺乏主动性，注意力不集中、心不在焉，以至忘掉了安全防范措施，出事故的可能性增加。有些情绪低落的员工遇突发事故时，头脑瞬间空白，失去判断能力。这种心理状态是消极的，有时还具有一定的破坏性，甚至使人做出越轨或不道德的行为，也可能导致人的心理状态畸变，使安全生产受到人为因素的威胁。

| 案　例 |

某汽轮机值班员因家庭问题情绪低落，在火情发生时误按停机按钮，扩大事故。

应对：管理者要耐心细致地做好员工的思想工作和心理疏导，对于情绪低落的员工应多给一些关心，帮助员工切实解决实际困难。要注意工作方法，让员工心悦诚服地接受管理。员工本人也应正确对待生活和工作中遇到的问题，努力调整好自己的心态，以积极的心态、饱满的工作热情，做好本职工作。

8. 逞能好胜，冒险蛮干

“逞能好胜”心理，往往出现在一些青年员工身上；而“冒险蛮干”心理，往往出现在性格较粗鲁的员工身上。还有一种人自以为技术好、有经验，违章习以为常，满不在乎。虽然预见到违章可能发生危险，但是轻信可以避免。甚至不顾个人生命安全，“逞能、冒险”表现自己的技能，把“逞能好胜、冒险蛮干”当作荣耀。

他们的共同特点是，安全意识淡薄，有章不循、有令不行、有禁不止，明知故犯。由于“逞强好胜”，他们明目张胆、有意违章，以显示自己的胆量，博得他人的喝彩。比如，有些人为表现自己胆大、有能力，利用吊钩进行升降；登高不系安全带；对特殊工种的工作无证操作等。由于“冒险蛮干”，他们在生产工作中图省事、怕麻烦、走捷径，为了抢工期、抢进度，只重效益，不讲安全。他们完全是拿安全生产开玩笑，拿人的生命当儿戏，一旦造成了人身伤害或设备损坏事故，将给个人和家庭造成痛苦，给企业造成经济损失，给社会造成不安定的影响。

| 案　例 |

某技师长期违章操作挂皮带，终被卷入运行中的皮带致死。

| 案　例 |

某制氧站焊工逞能冒险作业引发爆炸，造成15人死亡。

应对：对于“逞能好胜”心理，“冒险蛮干”的不安全行为，要对其进行“关注安全”“关爱生命”的教育；进行“团队精神”的教育。对于典型的人和事采取公开曝光并批评教育的方法。

9. 工作责任心不强，缺乏主人翁意识

这是事故发生前较普遍存在的一种不良心理因素，具体表现为：对待工作缺乏事业心、责任感，工作吊儿郎当、敷衍了事、马虎凑合；在巡视时敷衍塞责，不认真检查；在操作时不认真核对作业票，出现漏洞或疏忽，马虎操作或误操作；有的检修人员图省事，不按作业程序标准进行检修工作，即使工作中出现了问题，也不认真处理，使设备带缺陷运行，为安全生产埋下隐患。

在被调查的发生过误操作事故的200多人中，有一半以上是由于责任心不强、注意力不集中或缺乏主人翁意识，导致不安心运行岗位工作。工作责任心不强，是人为责任事故的通病。

|案　例|

某检修班组丢失工具后敷衍处置，导致扳手落入机组引发跳闸。暴露出责任意识淡薄与系统性管理漏洞。

应对：对员工进行爱岗敬业精神和岗位安全责任意识教育，加强安全文化建设，培养“团队精神”。开展事故案例及安全生产法制教育；树立“安全第一”的安全观念；开展安全思想教育和职业道德、企业精神教育等活动。

小　结

事故发生前，职工的心理状态虽然多种多样，失误行为表现的方式也各有差异。但是，一些不良的心理活动和失误行为产生的原因却有它的规律性。

（1）职工心理特征和行为表现

安全意识不强、技术水平低、存在麻痹心理和侥幸心理、安全法律意识淡薄、责任心不强、劳动纪律松弛、习惯性违章操作或作业等，是事故发生前职工典型的心理特征和行为表现。

（2）职工不良心理状态产生危险性类别

在有些情况下，比如生产形势大好、长周期安全无事故、没有居安思危的意识，是滋生思想麻痹的温床；习以为常、思想麻痹，是安全意识淡化的思想根源；技术不熟、能力不强，是造成事故的基础条件；情绪低落、行动消极，是发生事故的“催化剂”；心情紧张、判断失误，是发生误操作事故的诱因；依赖别人、存在侥幸，是事故发生的绿色通道；责任心不强、冒险蛮干，是发生事故的必然结果。安全管理的重点是“超前预防事故”，吸取以往事故教训是预防事故的核心。

（3）事故发生前，不良心理矫正及预防

针对上述事故发生前不良的心理状态，企业应正确运用安全心理学，深入剖析事故根源，并给予及时的心理矫正。通过采取安全思想教育、安全心理等方面的教育培训，不断提高员工安全意识和主人翁责任感。此外，心理健康和安全心理学知识培训，有助于员工提升安全心理品质，在头脑中牢固构筑安全意识。

三、事故发生时的心理特点及应对

事故发生时，当事人如果存在自认倒霉、患得患失等不健康的心理，往往会对正确处置产生不良影响，还可能出现失误行为，扩大事故。主要有以下几种情形：

1. 生理和心理同时处于紧张状态

由于安全生产事故往往具有突发性和偶然性，许多当事人在事故发生时，尤其是新上岗人员，紧张到了恐惧的状态。事故规律表明：意外情况往往使当事人引起生理上的反应。如气短、腿抽筋、手脚动弹不得、大汗淋漓、张口结舌，头脑高度紧张、一片空白，失去记忆……由于心理上无准备造成情绪异常紧张，心理品质迅速下降，就连汇报和报警的电话号码都忘了。电话接通了，又紧张得讲不出话来，手忙脚乱，错误处理。当事人生理和心理状态的高度紧张，会使判断能力降低，进而导致行为失误，使事故扩大。

应对：培养和锻炼员工的意志，提高员工的身体素质、应激素质和生产技能水平。开展各类体育活动；经常进行事故预想和反事故演习；做好每天工作前的危险点分析及预控措施；研究制订突发性事件应急预案，并进行不定期演练。这些措施，不仅能锻炼员工心理品质和生理协调功能，还可以培养员工在突发事故面前的应变能力。这样，可使事故的当事者能够保持良好的心理状态，做到临危不惧，正确、果断地处理事故。

2. 只将注意力集中于眼前的事物之一

只将注意力集中于眼前的事物会导致行为失控。有的人被吓得目瞪口呆、不知所措。人在异常状态时，认知平衡和心理平衡被突发事故打破，造成应激紊乱，对接收信息的方向性没有选择的能力，只能将注意力集中于眼前的事物之一。如处理事故时只扑向一个地方，或只去救护触电者，却忘记切断电源；或只知道报火警，却不去灭火；或只操作眼前的不关键的按钮，忘记规程条款，忘记操作程序，乱了手脚，顾此失彼。这些都是事故发生时，人的心理状态及自主行为失控表现。

| 案　例 |

某检修工触电后，监护人情急下未采取防坠措施即施救，造成二次事故。应急措施不当反映出预案演练的不足。

美国总统里根首次到中国访问时，就向他所下榻的宾馆中方服务人员询问，此宾馆的安全通道有几个？都设在哪里？他没有问消防器材在哪里，因为他想知道的是一旦发生意外情况如何逃生，而不是如何灭火。这说明美国总统和美国公民平时预防意外事件的安全意识很强。所以2001年美国“9·11”事件中，有70%的现场人员是靠自己平时掌握的人身防护知识得以逃生的。

应对：经常开展安全心理学教育，让员工始终有一种健康的心理状态，随时保持处理突发性事故的心理与行为准备。做好事故预想，危险点分析，制订事故情况下应急预案，组织反事故演习。培养员工良好的心理素质和岗位操作技能，锻炼突发性事故时应激状态下的应变能力。经验表明：员工头脑里平时总装有自己生活和工作空间设施、设备、系统的平面图，具有丰富的安全生产知识和娴熟的岗位技能，在突发性事故发生时，才不会吓得目瞪口呆、惊慌失措；大脑在接收突发事故信息的时刻，才能迅速作出反应，想出多个方向、多种渠道、多种方法；才会以从容的心态接受应激状态的特殊体验，应用业已掌握的生产技能和自救、互救知识，使事故化险为夷。

3. 自认倒霉，患得患失

人处在事故过程中，由于生理原因，大脑高度紧张，信息处理时容易将注意力集中在眼前的某一项操作上，造成误判断；由于心理反应受其私心杂念的影响，可能会造成对处理事故正确行为的干扰，事故时容易发生误处理。事故多数发生在安全管理薄弱的部门；易于发生在安全思想不牢、心理状态不良、工作责任心不强、劳动纪律松弛、技术水平低、习惯性违章操作的员工身上。

事故发生时，有的责任者心里想着怎样能使自己的责任小一点，个人的利益少受些损失。还有许多责任者会冒出这样的想法："真倒霉，给我遇上了""一切都完了！安全纪录让我给砸了！同事们一定埋怨我，领导会批评我，企业会怎样处理我""能扣多少奖金、多少工资，会不会下岗，会给警告、记过处分，还是开除厂籍？"这些思想顾虑和"倒霉论""患得患失"的不良心理状态，会造成事故责任者处理事故时受到思想障碍和情绪干扰，对现场处理事故非常不利。有了这种私心杂念和心理顾虑，也就必然会影响事故责任者果断、大胆、正确地去处理事故。结果，贻误了宝贵的事故处理时机，对处理事故造成不利的影响，扩大了事故损失的程度。

应对：应对全体员工加强安全教育，使其认识到事故的发生是安全思想不牢固、岗位反事故能力与岗位实际要求标准存在差距、情绪不稳定、注意力不集中、习惯性违章等多因素集合的结果。针对事故发生时责任者自认为"倒霉""领导高抬贵手，处罚能否轻一点"这种心理状态，企业应加强员工的思想政治工作，教育员工增强安全意识，克服私心杂念。从心灵深处查找自己出事故的思想根源；从发生事故的起因查找自己安全思想不牢的主观原因和设备健康水平的客观原因；从发生事故操作问题上查找岗位技能薄弱点；从发生事故对系统的影响查找事故的相关原因；从发生事故造成的严重后果查找怎样吸取教训和采取防范措施。坚持经常性的系统化"大安全"心理和典型事故案例教训的教育；科学地制订突发性事故应急预案；更多地进行符合现场实际的反事故演习训练；每天的事故预想和危险点分析更加贴近生产工作；开展丰富多彩的体育活动等，是消除事故责任者生理上的紧张、注意的错位，以及防止其心理品质降低的好方法。

四、事故发生后的心理特点及应对

1. 怕负责任的心理

有人出了事故以后，心理压力较大，怕负责任、怕扣工资和受处分。在事故调查分析会上叙述事故的起因和过程时避重就轻。一些管理者甚至企业的领导干部也存在“怕负责任”的心理，千方百计地减轻自己安全管理上的责任，不能实事求是按照“四不放过”（即事故原因未查清不放过、有关人员未受到教育不放过、整改措施未落实不放过、责任人员未处理不放过）的原则，进行调查、分析、处理事故。如将纯属于人为责任的事故，硬说成是设备本身的事故；实在靠不上设备的人为责任事故，也不顾良知将责任推到因事故伤亡的员工身上。

|案　例|

某员工操作中聊天导致设备损坏，却推诿责任。

|案　例|

某起重事故发生后相关人员谎报真相，嫁祸死者。体现出避责心理对事故真相的遮蔽。

事故的当事人、事故单位的管理者和领导者有的讲假话；有的向不会说话的设备和已经因事故身亡的死者身上推卸责任；有的为了掩饰过错，减轻事故的处理，拉关系走后门，找人说情；更有甚者破坏事故现场，弄虚作假，想蒙混过关。

由于管生产的直接管安全还管事故处理，这种既管“运动员”又做“裁判员”的方式，容易使事故责任人和事故单位领导者“怕负责任”的心理得逞；使事故的真正原因不能找准；使事故的教训不能吸取；使事故后续没能采取有效的防范措施；使事故的责任者和周围人员没有受到事故教训的教育；使事故的主要责任者和相关人员没有得到应有的处罚。

应对：客观地讲，如果事故当事人想隐瞒事实，是可以采取科学的技术手段识别出这类错误做法的。一经查实，必须加重对相关人员的处理，让当事人认清“怕负责任”的心理为事故调查、分析、处理所带来的危害。让当事人懂得应该正视事故，消除“怕负责任”的心理，实事求是地讲清有关事故的一切情况。

矫正“怕负责任”心理的关键，是纠正相关人员头脑里的“私心杂念”。在实际操作中，事故调查人员应首先对事故责任者做放下包袱的思想政治工作，消除“怕负责任”的心理顾虑，让其实事求是地讲出事故发生前、发生后及检查与处理的全部过程。

另外，要结合当事人的心理问题和错误行为的严重性，对其进行心理救援，使其以正确的态度对待处理，勇于正视事故，将“怕负责”转化为“敢于负责”，将事故教训转化为今后工作学习的动力。不断提高预防事故的警觉性与注意力，增强主人翁意识、岗位责任感，保持良好的心理状态。既要吸取教训，更要振奋精神，努力做好本职工作。

2. 事故难免心理

有人出了事故总想推卸责任，自己安慰自己，认为事故是难免的，搞生产的没有不出事故的。不要大惊小怪、小题大做，不必追根究底；或者跟别人比较，强调别人也出过事故，而且事故比我出的还大，何必说我呢？彼此彼此，不必认真追究。

“事故难免论”是一种极其危险的、消极的、悲观的论点，更是各类事故的“保护伞”。发生事故时盲目地安慰自己。这种论点对安全生产有很大的影响，特别是对类似事故再次发生留下隐患。所以，有这种不良的心理、消极的情绪、错误的论点的员工，必须对其进行严肃的批评教育。不健康心理是诱发事故行为，导致各类责任事故发生的关键，如果不加以纠正，还会再次发生人因事故。

应对：对员工开展安全警示教育。结合生产实际和不同时期员工的心理状态，有针对性地进行反习惯性违章、危险点分析、安全性评价及安全生产知识培训，学习典型事故案例和事故通报，观看事故录像等，吸取事故教训，矫正事故责任者不良心理。表扬和奖励安全生产中认真负责、爱岗敬业、遵章守纪、安全生产无差错的典型，这些是矫正“事故难免论”的动力措施。

要让员工知道，通过努力，有98%的事故都可以预防，任何隐患都应当可以控制。辩证认识事故的难免性和可免性。事故是可以避免的，或者说可以赢得相当长的安全生产周期。只要心理健康、安全意识强、思想端正、敢于负责、爱岗敬业、措施得力、责任落实、工作到位、坚持不懈，那么，各种人为责任事故是可以避免的。从以往消极的、片面的心理误区中解脱出来，不轻易降低自己对安全生产工作的要求标准，严于律己，以积极的态度定势，多看大家的优点和长处，克服自己身上的不足之处。从自己做起，把安全工作变成自觉行动。

3. 怕井绳心理

事故发生后，缺乏战胜挫折的信心，表现为畏惧、气馁、萎靡、焦虑等消极情绪特征，存在着不同程度“胆小怕事，草木皆兵”的害怕心理。正所谓“一朝被蛇咬，十年怕井绳”。有的领导者不敢安排工作，生产活动几乎停止。员工在工作中缩手缩脚，责任者本人提出要求调换工作等。还有的责任者一看到事故现场就心里害怕紧张。

| 案　例 |

某电厂触电事故发生后，员工长期不敢进入现场，影响生产。心理创伤如未及时干预，将衍生次生问题。

应对：要提高责任者对事故教训的认识，尽快摆脱事故阴影的困惑，加强心理素质的培养，锻炼员工在事故发生的情况下，对失败和挫折的心理承受能力。如举行反事故演习、事故预想、安全生产知识竞赛等活动，使员工尽快从原有状态中解脱出来。及时鼓舞士气，把事故作为安全警示教育最直接、最有影响力的生动课堂，积累经验和吸取事故教训，树立敢于面对事故、改正缺点和错误的信心与勇气。

4.“近因效应”心理

事故发生后，尤其是人身伤亡事故，可能迅速带来社会冲击力，成为备受关注的公共事件，必然会对周围人心理产生不可低估的影响。员工的思想情绪波动大，往往会产生低沉、恐惧的心理，心理学称“近因效应”。“近因效应”一方面能提醒人们注意安全；另一方面也往往使人产生心理的负担和恐惧，工作中情绪消沉，过于谨小慎微，甚至在一段时间内不敢工作，怕悲剧会重演。特别是单位的领导在处理事故和恢复生产过程中，还要关心伤员的抢救和对其家属的抚慰，精力之弦绷得过紧，在“近因效应”的影响下，一些领导自己卷入违章指挥、冒险作业中去，给安全生产造成新的威胁。由于员工的心理恐慌、情绪波动，领导者的冒险、违章指挥等不良心理因素与失控行为增多，很容易连续发生事故。

应对：及时开展思想工作，应以稳定员工的思想情绪为重点。要稳定好事故现场员工的思想情绪和做好受事故伤害的员工及家属的抚慰工作，并采取充满人文关怀的相应保障措施。企业生产事故的突发性，会使在现场的各方面人员，尤其是有些经验不足的年轻领导，一时大脑发蒙，思维受到抑制，甚至中断分析与判断能力，情绪急躁，动作慌乱。作为领导干部，不仅在事故发生后自己要保持镇静的情绪以感染他人。同时，还要适度地克制紧张氛围及时提醒有关人员，继续各司其职，各负其责。

5. 隐瞒事故心理

当企业发生了设备损坏或人身伤害事故后，一些事故的责任者，甚至是企业的领导，存在着一种“害怕处分，隐瞒事故”的错误心理。

|案　例|

广西某煤矿透水事故后，地方官员与矿主联合瞒报，致使 81 名矿工丧生。揭示出体制内避责与腐败心理的恶性后果。

由于这些人害怕发生事故会给自己带来处分、撤职和追究刑事责任。在“自私”“害怕”的心理支配下，置安全生产法律、员工利益于不顾，采取了错误的行为。

应对：平时要经常对领导者进行教育和提醒，要关心人民群众的根本利益，注重安全、珍惜生命，实事求是、不讲假话；开展隐瞒事故会受到更为严厉的处分，甚至追究刑事责任典型案例的警示教育。不断提高他们的心理素质、政治觉悟、全局观念、职业道德修养及安全生产法律责任意识。事故发生后要让他们放下思想包袱，主动讲清事故情况，接受事故调查与处理，做好后续的安全生产工作。

6. 大事化小，小事化了心理

发生事故后，责任者和领导者的心理压力都很大，这是正常的心理反应。思想政治素质低，岗位安全责任意识较差的管理者和事故责任者，很容易产生“大事化小，小事化了”的不良心理，甚至采取拉关系、走后门“摆平”事故的错误做法或对事故的处理轻描淡写。责任者和其他员工没有受到教育，没有吸取教训，也没有采取可靠的防范措施，为安全生产埋下隐患。

安全责任感教育是矫正“大事化小，小事化了”不良心理的重要手段。针对安全生产存在的问题，从人的动机入手，实事求是地分析处理常发生的一些习惯性违章行为。

| 案　例 |

某企业施工队未办票证违规动火，领导坚决制止并公开批评，组织全员讨论。

应对：从抓“小事”入手，分析不安全行为发生严重事故的后果，震撼员工的心灵，是矫正“大事化小，小事化了”不良心理和违章行为的有效方法。

企业员工和领导者，都应努力锻炼自己对挫折和事故的心理承受能力。对于事故产生的负面影响，及时进行自我心理疏导，抑制情绪波动。在严肃处理事故责任者的同时，教育员工正确对待挫折，矫正影响安全生产的心理问题。

五、揭示事故发生前后及过程中责任者心理原因与开发安全心理软件

事故发生前后及过程中责任者的心理问题，在事故致因中占有重要的地位，是属于各类责任事故深层次多种原因的关键性因素。根据事故发生前后及过程中责任者心理问题的分析，可揭示出责任者不良心理状态原因和表现，理智自控能力降低，违章行为增多，甚至发生性质严重的错误做法。责任者心理问题，对安全生产和事故处理产生较大的负面影响，尤其在调查、分析、处理事故环节上产生不容忽视的干扰作用，需深刻吸取人因事故的教训。

安全管理者应掌握安全心理学知识，针对企业员工个体的气质、性格特征差异较大的不同群体，结合安全思想教育，培养员工的优秀心理品质，及时矫正不健康的心理状态，提升对个人价值取向的认识，正确审视自己的心理活动和行为表现，扩展安全思维空间，增强理智感、责任感和行为约束力。

对于安全生产中发生的矛盾或事故，做好心理疏导，使安全心理学科学地、广泛地、有效地应用于安全生产和各项管理工作中。在各种环境或条件下，准确把握员工的思想脉搏和心理活动规律，及时化解工作中出现的矛盾或问题，凝聚企业向心力，激发员工安全心理，减少指挥失误、操作错误。开发好员工“安全心理”这个重要软件，解放生产力，不断提高企业管理水平，真正让员工讲安全

生产法律、法规和规程制度，在安全生产领域得到贯彻落实，保证企业的安全生产。

六、安全意识的建立

1. 从“要我安全”到“我要安全”

几乎所有的安全管理都只是告诉员工，哪些标准、哪些条条框框你应该遵守，但是，却很少有人研究员工是否心甘情愿地去执行。从“要我安全”到“我要安全”，是一个转变，也是安全管理崭新的课题。为适应这个转变，管理上就要用“他约束”促进“自约束”，实现员工的自我管理、自我行为控制、自我安全保障。

无论是西方跨国企业，还是中国的本土企业，自我管理都是一个崭新的内容。

自我管理不是放任自流，不是让员工自行管理，而企业却无所作为。自我管理是企业正常安全管理的一个组成部分，前提是企业的制度规范、管理科学、设施完善。

施行自我管理，就是企业把自身的职业规范和角色要求，变成员工的行为准则。也就是说，把企业摆在桌面上、挂在墙上的制度，“内化”到员工的思想行为中。关键是“内化”这两个字，变成内在的行为。企业通过自我管理，调动员工个人安全的欲望，使他的每一个操作动作，都体现出制度的要求。到处体现安全管理的要求，无论是警示标志、告示牌，还是标语口号、宣传画，等等，只要是员工能够看得见的地方，都应该有所体现，让员工切实感受到安全管理的气氛。

安全来源于秩序井然，管理混乱是隐患的根源。企业在安全管理上，应该给每个人以明确的定位，让他们增强岗位角色意识，体现出企业的管理秩序。

要把制度内化到员工的行动上，这不是一朝一夕的工夫。管理者就是导演，导演要不停地给演员说戏，演员们的行为才能中规中矩。要依靠制度的不断刺激，才能养成行为习惯。

自我管理中，每个人都在扮演自己的角色，但每个人并非孤立存在的，所以，我们在实施安全管理时要互动。互相帮助，在企业的非正式群体和员工的家庭中体现得很明显。一家企业发现员工违章后，就给员工的家庭、员工孩子所在的学校发帮教通知单；没有成家的，帮教通知单发到单身宿舍。通知单上面写着：×××同志的爱人或者×××同志的子女或者×××同志的室友，你好，×××同志于×月×日在什么岗位什么情况下出现违章行为，请你帮助做好思想工作，共同提高安全的警惕性。违章受到处罚的员工，在接受家人和室友的劝解想通后，就要提交一份简短报告：×月×日××给我做了思想工作，我诚恳地接受，决心改正违章行为，做好安全工作，等等。不要小看这种形式的作用。互相帮助提醒安全，在以后的实践中一定会有良好的效果。

“要我安全”是一种被动的安全观，而“我要安全”是一种主动的安全观。从“要我安全”转变为“我要安全”就是从被动转变为主动，把指标变成大众的意识，把被动防护变成基本意识的防护。

企业提升职工安全意识，实现“要我安全”向“我要安全”的转变，是安全生产执行力由强制性到自觉性的一次质的飞跃。

2. 从“我要安全”到“我会安全”

我们不但要有“我要安全”的意识，还要学会“我会安全，我能安全”。在职工意识到“我要安全”的同时，还必须实现“我会安全”，才能从事故源头控制不安全行为，减少或避免事故的发生。

如何从根本上提高员工的安全保护意识，实现从“我要安全”到“我会安全”的根本转变？

（1）完善安全管理规章制度；

（2）加强安全知识培训；

（3）建立企业安全文化。

安全工作是一项系统工程，它涉及企业的方方面面，涉及参与生产活动的每一个人。为使“安全第一、全员参与”的文化理念深植员工的大脑中，让“我要安全”变为“我会安全”，公司在安全文化建设方面，要大胆进行大量的有益尝试。如以落实安全规章、防止人为差错、提高安全质量为中心，开展安全知识竞赛、安全演讲比赛、安全橱窗比赛、安全标兵评选、安全技术研讨、安全文化词条征集等形式多样、内容丰富的安全文化活动。通过这些活动传播安全知识、强化安全理念。

为进一步将安全文化具体化、形象化、人格化。企业还可借助电子网络，通过在企业内部开展每月评选出安全型先进个人、每季度评选出安全型先进班组的活动这两个文化平台，总结他们的安全经验和心得，在全体员工中发挥较好的示范引导作用。

为进一步加强各基层部门安全工作，为确保安全创造一个良好工作环境，企业还可积极开展“班前作业提醒、班后事件分析”“每周安全活动”“安全经验共享”等活动，通过各部门、各层次间交流安全经验，达成“安全工作环环相扣，安全责任大家共担”的共识。

企业通过把安全文化理念装饰在环境中，渗透在制度里，体现在行动中，聚焦在安全文化楷模的形象上，逐步在企业内形成“人人事事想安全、时时处处保安全”的良好氛围。

第四节　典型案例分析

一、健康预判机制——“察颜观行”工作法

1. 案例背景

在某能源集团下属的炼化分公司，近年来多次出现一线员工因心脑血管疾病突发而面临生命危险的情况。传统的健康管理方式侧重于事后救治，但该企业自2023年起推行了一套名为“察颜观行”的班前健康预判机制，显著降低了突发健康事件的发生率。

2. 事件经过

2023年11月，设备检修班王磊在晨会时注意到老技师周师傅未准时到岗。凭借“察颜观行”方法培训所形成的敏锐度，他立即前往休息室查看，发现周师傅面色发灰、呼吸急促、工服已被冷汗浸透。王磊迅速取出班组配备的应急医疗包，让其服下速效救心丸，并同步启动应急预案呼叫医疗救援。后经确诊，周师傅为急性心肌梗死，因抢救及时得以脱险。事实上，该机制推行以来已在全公司范围内成功预判并干预了7起类似健康危机事件。

3. 观点与分析

这一机制体现了“主动式健康管理”在工业场景中的创新应用。其理论根基源于健康心理学与行为预警理论，通过系统性观察外显行为与生理指标的变化，推断员工身心状态。相较于传统医学的“疾病治疗”，该模式更接近中医“治未病”的理念，强调在生理或心理异常尚未发展为显性危机前进行阻断。

企业健康管理不应局限于体检数据追踪，更需建立一套嵌入工作流程的“行为—健康”联结预警系统。通过赋予基层管理者基本的健康风险评估能力，企业实际上构建了一张覆盖全员、全时段的无形健康监测网络。

4. 实践方法

- 察颜：交接班时观察面色、体态、步态等生理信号。
- 观行：关注工作响应速度、操作准确性、沟通意愿等行为指标。
- 主动询问：对异常表现采用“非侵入式”关怀询问（如“今天状态似乎不太好，是否需要调整工作内容？”）。
- 分级干预：建立绿（正常）、黄（关注）、红（干预）三级响应机制，对应不同的支持措施。

二、多元激励体系——打破职业倦怠的闭环

1. 案例背景

某沿海石化园区的水处理车间，16 名员工平均在同一岗位工作 12 年。长期轮班制与高度重复性作业导致团队出现明显的效能衰减：2022 年员工满意度调查显示，73% 的员工存在不同程度的情绪衰竭感，设备人为故障率同比上升 40%。

2. 创新实践

2023 年该车间推行“三维激励体系”：

- 任务重塑：引入“微创新提案”制度，鼓励员工优化操作流程；
- 社交赋能：建立跨班组技术沙龙，每月举办行业新技术解读会；
- 情境转换：创建“工作-生活”体验区，提供 VR 冥想室、技能学习站等设施。

实施半年后，不仅人为故障率下降 62%，更涌现出 17 项技术改进提案，其中 5 项获集团创新奖。

3. 理论视角

该项目巧妙整合了 Job Crafting（工作重塑）理论与情境认知心理学原理。传统应对职业倦怠多侧重于个体心理调节，而该方案通过重构工作任务意义、创造新的社交学习场景、提供反差性体验环境，实现了“工作情境—个人资源—组织目标”三者的重新匹配。

特别值得注意的是 VR 冥想室的设计，其通过提供高度反差性的沉浸式体验，有效阻断了长期重复工作形成的认知固化路径，这与神经可塑性研究中的“环境丰富效应”高度吻合。

4. 实施要点

- 建立动态技能认证体系，使员工看见成长路径；
- 设计“必需多样性”的工作任务组合；
- 创设跨情境体验空间，打破单一环境依赖；
- 将个体成长数据可视化，强化成就反馈。

三、危机响应系统——分级协同干预模型

1. 事件背景

2024 年 3 月，某跨国能源企业非洲项目组通勤途中遭遇严重车祸，造成 3 人重伤、1 人罹难的重大事故。事发地位于医疗资源匮乏地区，且员工普遍存在跨文化适应压力，事件引发大规模创伤应激反应。

2. 应急响应

企业启用“金字塔式危机干预系统”：

- 第一层级(24 小时内)：

现场组建心理急救小组，对目击者采用“稳定化—定向—简化”三步法处理急性应激反应。

- 第二层级(72 小时内)：

按创伤暴露程度将受影响人员划分为三级，分别实施差异化干预方案。

- 第三层级(1~4 周)：

开展团体叙事治疗、哀伤处理工作坊，并引入当地文化特有的仪式化告别活动。

3. 理论创新

该案例展示了危机干预与跨文化心理学的融合应用。针对海外项目特点，干预方案特别注重：

- 整合当地社群支持资源，避免纯技术化干预的文化隔阂；
- 采用“叙事暴露疗法”替代传统询问式沟通，降低二次创伤风险；
- 设计符合多元文化背景的哀伤表达仪式(如集体绘制记忆壁画、种植纪念树等)。

4. 机制建设

- 建立创伤事件“影响半径”计算模型，科学划定干预范围；
- 开发移动端心理自评工具，实现危机后心理健康动态监测；
- 编制《跨文化危机干预手册》，包含地区特定宗教、习俗应对指南；
- 设置“干预—恢复—成长”三阶段评价指标，确保长期效果。

小 结

整体视角升级

这三个案例共同呈现出现代企业 EAP 管理的演进方向：

(1) 从被动响应向主动预测转型；

(2) 从个体辅导向系统生态构建延伸；

(3) 从通用方案向情境定制化发展；

(4) 从心理技术应用向多学科整合演进。

其中蕴含的根本转变是：企业健康管理正在从“附加服务”重新定义为“核心运营保障机制”，这本质上是对“人因风险”管理方式的深刻重构。

第五章　EAP与心理健康

本章聚焦于EAP与心理健康这一关键领域，深入探讨二者之间的紧密联系与实践应用。首先，从心理健康的基本概念、标准、服务目标与模式入手，为读者构建起坚实的理论基础。其次，详细阐述EAP在企业中针对员工心理健康的服务实践，包括评估方法、需求调研以及促进手段，旨在为企业提供切实可行的解决方案。最后，通过三个典型案例分析，详细展示EAP在实际工作中的应用效果与价值，助力企业更好地理解并运用EAP，守护员工心理健康，提升企业整体效能。

第一节　心理健康概述

一、心理健康的基本概念

1. 健康及心理健康的定义

健康是一个多维度的概念，世界卫生组织关于健康的最新定义：“健康乃是一种在身体上、精神上的完美状态，以及良好的适应力，而不仅仅是没有疾病和衰弱的状态。”❶健康不仅仅涉及身体的无疾病状态，还包括心理、社会和精神的良好状况。以下是对健康定义的全面探讨：

生理健康：这是健康最直接的含义，指的是身体没有疾病、伤病或其他生理功能障碍。生理健康是基础，它要求个体维护良好的生活习惯，包括适量的运动、均衡的饮食、充足的睡眠和避免有害物质的侵害。

心理健康：心理健康是指一个人的情绪、思维和行为处于平衡状态，能够正常地认识自我、应对生活中的压力、建立满意的人际关系和实现个人潜能。心理健康的培养需要个体学会情绪管理、压力调节、自我认知和积极的人际交往。

社会健康：社会健康关注的是个体在社会中的适应能力和功能，包括社会参与、社会贡献、社会支持和个人与社会环境的和谐关系。社会健康强调个体的社会角色和社会网络的重要性，以及这些因素对个体整体健康的促进作用。

精神健康：精神健康涉及个体的价值观、信仰、生活目标和意义感。它与个人的宗教、哲学或信念体系紧密相关，为个体提供内在的力量和生活的方向。精神健康有助于个体在面对生活中的挑战时保持坚韧和希望。

其中关于心理健康，国际心理卫生大会对心理健康的定义为：“心理健康是指在身体、智能以及情感上与他人的心理健康不相矛盾的范围内，将个人心境发展到最佳的状态。”

由此可见，心理健康同样是一个多维度的概念，涉及情绪、认知和社会层面的平衡与和谐。下面将进一步探讨心理健康的各个方面：

情绪健康：情绪健康是指个体能够稳定、有效地处理和表达自己的情绪。一个情绪健康的人在面对生活中的压力和挑战时，能够保持情绪平稳，不会出现极端的情绪波动。这需要具备一定的情绪调节能力，如通过深呼吸、冥想等方法来缓解紧张和焦虑。

---

❶百度百科。

认知健康：认知健康主要关注个体的认知能力和思维方式。一个认知健康的个体能够客观、理性地看待自己和周围的世界，不会因为一些负面事件就完全否定自己或者沉溺于悲观消极的思维中。他们能够从多个角度分析问题，采取积极的解决策略。

社会健康：社会健康强调的是个体在社会中的适应能力和功能。一个社会健康的个体能够建立和维护良好的人际关系，能够在社会中扮演适当的角色，并获得相应的社会支持。这不仅有助于他们应对生活中的压力，还能提升他们的幸福感。

从健康和心理健康的定义，我们能够得出这样的结论：心理健康是健康的一个重要方面，其中心理健康是身体健康的精神支柱，身体健康又是心理健康的物质基础。

2. 心理健康的标准

心理健康的标准涉及多个维度，包括智力、情绪、意志、行为、人际关系和反应适度等方面。这些标准共同构成了一个全面、动态的评估体系，帮助人们判断和提升自身的心理状态。从不同的角度来看待这些标准，可以更深入地理解心理健康的各个方面。

智力正常是心理健康的基础。一个人应具备与其年龄相符的认知能力和智力水平，能够正常学习、工作和生活。智力发育正常不仅指拥有一定的知识储备，还包括观察力、记忆力、思维能力等多方面的认知功能。

情绪健康是心理健康的重要组成部分。一个心理健康的人应具有稳定的情绪，能够适当表达和控制自己的情绪，不会因小事产生极端的情绪波动。他们能够体验积极的情绪，如快乐、满足、希望等，并且能够应对生活中的压力和挫折，保持情绪平衡。

意志健全也是不可或缺的一部分。这意味着个体能够制订切合实际的生活目标，并具备实现这些目标的决心和毅力。他们在面对困难时能够坚持不懈，不轻易放弃，具有良好的自律能力和自我驱动能力。

恰当的行为反应表现了个体内外的一致性。心理健康的人能够适应不同的社会环境，他们的行为既不会显得过于冲动，也不会过于压抑，能够在遵守社会规范的前提下，合理地满足个人需求。

良好的人际关系是心理健康的重要体现。心理健康的人能够建立和维护健康的人际关系，他们既能爱人也能被爱，能够在人际交往中体验到正向的情感反馈。他们善于沟通，既能表达自己的观点，也能倾听和理解他人，从而获得社会支持和满足感。

反应适度强调个体对外界刺激的合理反应。这包括对挫折的容忍度、对复杂环境的适应能力以及对变化的灵活应对能力。心理健康的人能够在面临不利情况时保持理智，不被过度的幻想或偏见左右，能够客观评估形势并采取适当的行动。

心理特点符合年龄则是指个体的心理特征与其所处的年龄段相适应。例如，青少年应具备探索精神、好奇心和求知欲，而老年人则应具备一定的学习能力、适应能力和对新事物的接受度。

综上所述，心理健康的标准涵盖了从智力到人际关系的多个层面，每个层面都对个体的整体心理健康状况有着重要影响。

二、心理健康服务的目标与模式

1. 心理健康服务的定义

心理健康服务是运用心理学及医学的理论和方法，预防或减少各类心理行为问题，促进心理健康、提高生活质量。

心理服务的范围包括心理健康知识的宣传、传播、教育培训、心理问题的咨询、心理疾病的治疗以及心理危机事件的预防和干预。

2. 企业心理健康服务的目标

企业越注重员工心理健康，就越能吸引优秀人才，也就越具有竞争优势。企业员工心理健康服务的目标，是预防和帮助解决员工心理上的问题，同时使心理健康的人变得更快乐，从而激发无限潜能，进一步来说，就是要提升员工的心理资本，促进企业绩效和管理提升。

企业心理健康服务的目标主要包括提高员工心理健康水平、提升工作满意度和工作绩效、促进企业的稳定与发展。这些目标在帮助员工解决心理困扰的同时，也有助于提升企业的整体经营效益和社会形象。

3. 心理健康服务的模式

企业心理健康服务的模式是多样化的，旨在通过不同方式满足员工的心理健康需求，提升员工的整体福祉，进而促进企业的发展。以下是三种常见的企业心理健康服务模式。

（1）内部组织服务模式。企业直接聘请专业的心理咨询师，为员工提供面对面的咨询服务；通过内部心理咨询师的工作，建立起一套完整的员工心理支持和援助体系。内部心理咨询师能够更好地保护员工隐私，建立员工的信任感。

（2）外部专业机构合作模式。企业与专业的心理咨询机构建立合作关系，由外部机构提供专业的心理健康服务。外部机构可以为企业员工提供定制化的团体培训和工作坊，覆盖更广泛的员工群体。这种模式能够根据企业的具体需求，提供更加灵活和专业的服务。

（3）内外结合服务模式。组织内部心理健康服务的实施部门与外部的专业机构联合，共同为员工提供服务。这种模式是三种模式中比较理想的，既能保证工作人员的专业性、员工的信任度，同时也有企业内的联系人可以协助推进整体项目并对服务质量进行监督。此外，也可以就心理健康的某一项服务，请外部机构来专门完成，如专业的督导、危机干预、某一项专题的培训等。

第二节　EAP 对企业员工心理健康的服务实践

一、心理健康评估

1. 心理健康评估的方法

心理健康蓝皮书《中国国民心理健康发展报告(2017—2018)》中指出，心理健康评估分为两大类：一类关注人的心理疾病、症状表现，更侧重于疾病诊断和症状的描述；另一类侧重于对心理健康不同维度所反映的心理特征水平高低进行评估，以及对健康水平进行划分。

2. 企业员工心理健康评估的常用工具

进行心理健康评估的工具，根据所包含的是多种心理疾病还是单一心理疾病，又分为综合评估工具和单一评估工具。

(1) 综合评估工具

这一类评估工具同时对多种心理健康问题进行测查。比如，90 项症状清单(SCL-90)应用最广泛，使用比较简单，测查的维度也比较全面，涉及个体感觉、情感、思维等多个方面，包含躯体化、强迫症状、抑郁、焦虑等九个心理维度，可测查是否存在心理障碍、有何种心理障碍及其严重程度。这类评估工具有明尼苏达多项人格测验(MMPI)、人格障碍诊断问卷(PDQ)，国内常用的还有 SF-36 健康调查量表、一般健康问卷(GHQ)、大学生人格问卷(UPI)等。不过，即使是综合评估工具，也存在功能的局限性，在使用时可以针对评估的群体及目标有侧重地整合使用。

【知识链接】

症状自评量表，又名 90 项症状清单(SCL-90)，有时也叫作 Hopkins 症状清单，其作者是德若伽提斯(L. R. Derogatis)。症状自评量表是世界上最著名的心理健康测试量表之一，协助人们从十个方面了解自己的心理健康程度。该量表共有 90 个项目，包含较广泛的精神病症状学内容。从感觉、情感、思维、意识、行为直至生活习惯、人际关系、饮食睡眠等，均有涉及。

（2）单一评估工具

这一类评估工具专门针对单一心理健康问题，测查个体存在某种特定心理症状的程度。各种心理疾病都有针对性的评估工具，最常用的是抑郁、焦虑的单维评估工具。由于大多数心理疾病都会同时伴随情绪困扰，使用单一的抑郁和焦虑量表也可以进行人群的心理健康问题筛查，虽然不如综合评估工具测查全面，但是优点在于题量较少、筛查快捷。针对抑郁进行评估的工具有很多，常用的如抑郁自评量表（SDS）、贝克抑郁问卷（BDI），还有儿童抑郁量表（CDI）、青少年抑郁量表（RADS）、老年抑郁量表（GDS）。针对焦虑进行评估的工具也很丰富，国内外常用的如焦虑自评量表（SAS）、状态特质焦虑问卷（STAI）、广泛性焦虑量表（GAD）等。此外，针对其他各类心理疾病的单一评估工具也不胜枚举，如针对强迫症的耶鲁-布朗强迫症量表（YBOCS），针对创伤后应激障碍的事件影响量表（IES-R）等。

【知识链接】

焦虑自评量表（SAS），包含 20 个项目，分为 4 级评分。请您仔细阅读以下内容，针对您最近一周的实际感觉、主要的情绪和躯体状况，并根据状况的程度选择。

所有题目均共用答案，每题限选一个答案。

答案：

A. 没有或很少时间
B. 小部分时间
C. 相当多时间
D. 绝大部分或全部时间

题目：

1. 我平常容易紧张和着急。
2. 我无缘无故地感到害怕。
3. 我容易心里烦乱或觉得惊恐。
4. 我觉得我可能将要发疯。
5. 我觉得一切都很好。
6. 我手脚颤抖。
7. 我因为头痛、头颈痛和背痛而苦恼。
8. 我感觉容易衰弱和疲乏。
9. 我觉得心平气和，并且容易安静坐着。
10. 我觉得心跳得很快。
11. 我因为一阵阵头晕而苦恼。

12. 我感觉要晕倒似的。

13. 我吸气呼气都感到很容易。

14. 我手脚麻木和刺痛。

15. 我因为胃病和消化不良而苦恼。

16. 我常常要小便。

17. 我的手常常是潮湿的。

18. 我脸红发热。

19. 我容易入睡并且一夜睡得很好。

20. 我做噩梦。

计分：正向计分题 A、B、C、D 按 1、2、3、4 计分；反向计分题 A、B、C、D 按 4、3、2、1 计分。反向计分题号分别为 5、9、13、17、19。20 个项目的分数相加得出总分，再乘以 1. 25 取整数，即得标准分。

低于 50 分为正常、50~60 分为轻度焦虑、61~70 分为中度焦虑、70 分以上为重度焦虑。中度以上焦虑建议到精神专科咨询就诊，排除焦虑症。

二、心理健康服务需求调查

如其他工作一样，企业员工心理健康服务也要有顶层设计、实施方案、工作计划等，并且都要建立在调查基础之上。充分了解员工、管理者及企业对心理健康服务的需求。研究发现，企业和员工能够意识到的问题通常只是现有问题的一部分，这说明心理健康服务需求调查十分必要，而且很重要。

企业管理者可以从员工需求和企业需求两个方面入手，找准结合点、关键点，让心理健康服务有利于员工幸福和谐、企业稳定发展。

1. 心理健康服务需求调查的内容

从整体而言，需求调查的内容主要是员工和企业各方面的现状、亟须解决的问题。员工和企业的需求往往很多，企业员工心理健康服务需求调查可以聚焦在促进员工工作绩效和企业发展方面。

（1）企业员工层面的需求调查

企业员工层面的需求调查重点要考虑的是影响员工工作绩效的相关问题，包括职场问题、情绪压力问题、恋爱婚姻问题、家庭亲子问题、职业生涯发展问题等。这些问题都会影响到员工的心理状态、身体状况及社会行为，进而影响员工的工作热情、工作效率、工作满意度，严重的会给个人、家庭、企业和社会带来巨大损失。当然，反过来讲，处理好这些问题可以促进员工身心健康、家庭和谐、工作发展。例如，职场问题中常见的工作与生活的平衡问题，是影响员工职业生涯发展和个人生活幸福的重要因素，很多企业为了提高员工平衡工作和生活的能力，推出了“工作-生活平衡计划”。

（2）企业组织层面的需求调查

企业组织层面的需求调查根据实际情况，既可以是针对企业整体的调查，也可以针对企业所属的不同部门和分公司，需求调查的重点是影响企业与员工和谐发展的问题，包括：

企业文化和价值观，即所有成员共同遵守的基本信念和认知；

企业愿景，即建立在员工共同价值观基础上的企业发展的共同愿望；

企业经营战略目标，即企业、员工及社会共同期待的发展成果；

企业特定的发展阶段，即每个发展阶段具有的独特的问题和需求；

企业特殊处境下的问题和需求等。

企业管理者深入了解这些企业与员工和谐发展的内在需求，开展心理健康服务，为企业和员工和谐发展起到积极的作用。

2. 心理健康服务需求调查的方法

企业可以采用的需求调查方法有很多，下面介绍问卷调查、访谈调查、现场观察等方法。企业在需求调查中，根据实际情况可单独使用或整合使用。

（1）问卷调查

问卷调查就像是搭建了一个企业与员工、企业与管理者、管理者与员工之间畅通对话的平台，通过问卷中的一问一答，员工真实地表达需求和建议，企业可以快速收集到大量而全面的信息。

问卷调查的内容设置，根据作用不同可以有所侧重。如果用于简单调查，问卷内容设置主要从员工对心理健康服务需求的角度出发，调查员工对服务的认知及认同度、对服务内容的兴趣点、可接受的服务方式等。通过大规模的问卷调查，可以快速收集到员工对于心理健康服务的需求。如果用于深入调研，问卷内容设置主要从员工对企业了解程度的角度出发，调研员工对企业组织愿景、价值观、战略目标等方面的了解情况和理解程度，以及对组织的态度、对企业管理的建议，以评估企业员工整体状况及其对心理健康服务的建议为主。例如，在开展全员心理健康状况评估的同时，设置心理健康服务需求调查问卷，包括服务程度需求、服务内容、心理困扰及应对方式、对组织提供服务的期望等方面的内容和选项，整体评估企业员工的状况。

问卷调查的组织实施，简单调查可以采用匿名问卷，有纸质和网络两种形式，网络形式更为便利，如常用的问卷星、问卷网等。深入调研可以采取分层随机抽样法，选定企业不同层面、不同岗位、不同群体的员工参加问卷调查，同时辅以访谈法，可以进一步完善和丰富收集到的数据和信息；问卷调查的数据统计与分析，由企业和第三方专业机构合作进行，并与企业状况分析和员工心理健康评估等充分结合，让问卷调查分析更客观、真实、全面。

此外，问卷调查的组织过程，要充分发挥企业各级组织的优势和功能，配合多种形式的宣传和讲解，让企业员工更加清晰、自愿地参与其中，以提升问卷调查过程和结果的质量。

（2）访谈调查

访谈调查更像是一个深入交流的对话空间，参与人员面对面，在结构化、保密性高的情况下，就企业、管理者和员工关注的问题及需求进行探讨，企业可以获得更加真实、深刻的信息。

访谈调查可以采用个体访谈和团体访谈两种方式，个体访谈侧重于管理者访谈，团体访谈侧重于员工访谈，根据实际情况可以整合使用。由于心理健康服务需求调查会伴随整个服务过程，所以访谈调查可以在很多情境下应用。例如，在开展问卷调查之后，对问卷调查统计分析中突出的问题和需求进行深入访谈，进一步完善和丰富收集到的信息；在开展员工心理健康状况评估工作中，特别是开发本企业专属评估问卷的过程中，访谈调查会帮助问卷研发更具针对性和实效性；在心理健康服务工作方案实施前，访谈调查会帮助方案重点内容更加清晰、完善；在心理健康服务实施过程中，访谈调查在中期会起到反馈作用，在不同阶段会起到评估作用，从而帮助心理健康服务工作能及时根据企业和员工的需求不断调整完善。

访谈调查的价值意义，需要有效组织、科学实施来保障和促进。首先是组建访谈调查团队，由于访谈调查的目的是深入了解相关信息，所以需要专业度及保密性，一般采用与第三方专业机构合作的方式，由专业人员开展，当然也可以根据企业内部实际情况，采用联合访谈及企业心理健康服务工作人员访谈等形式；其次是拟定访谈调查提纲，与管理者讨论确定，促进专业度和实效性相结合，访谈问题要相对开放、积极，面向未来、聚焦资源、关注策略和行动；再次是确定参加访谈的人员，采用统计学中的分层随机抽样法，即先按照行政管理机构设置对员工进行分层，再按照总体抽样比例在每层中独立抽样，提高访谈工作效率的同时，确保收集访谈信息的科学性和代表性；最后是形成调查报告，提供给企业和管理者。

（3）现场观察

问卷调查、访谈调查是用文字及语言进行对话与交流，而现场观察是在员工的工作场所和岗位上直接观察、感受和分析，企业可以获得更直观、感性的信息，对问卷调查和访谈调查是一个补充。

现场观察法是观察人员通过实地观察工作，以获取相关信息的方法。由于观察对象、工作性质、工作场所、观察目标的不同，现场观察可以有不同的应用场景。

直接观察，观察人员对一名员工或一个群体的员工进行工作全过程的观察，这种方式适合周期短的工作，如清扫工、流水线作业工等流程清晰的岗位员工。

阶段观察，观察人员对一名员工或一个群体的员工的工作分阶段进行观察，以便完整地观察到员工的工作状态，这种方式适合周期比较长、内容综合的工作，如管理、行政、科技人员等。

工作表演，观察人员对员工重点工作的过程观察，这种方式适合周期很长和突发性事件较多的工作，如企业安保人员、维稳人员等。

管理者观察，管理者日常工作观察，观察所得信息更全面、详尽，这种方式可与问卷调查和访谈调查结合应用，以便管理者将所观察信息系统化和清晰化。

三、心理健康服务宣传推广

让心理健康服务深入人心，被各级组织、管理者和广大员工信任和使用，只有借助多种形式的宣传推广，让企业员工关注心理健康，了解心理健康服务，才能让心理健康服务真正惠及员工和企业。因此，宣传推广是整体心理健康服务的核心组成部分，在实施过程中应给予充分关注。

新媒体、自媒体快速发展的时代，为心理健康服务宣传推广提供了更多的手段和途径，而传统的、规范的宣传形式也独具优势和效力，管理者可以根据企业特点和员工实际，选择多种宣传推广形式和媒介。下面列举常用的宣传推广形式。

1. 专题讲座

主要侧重于心理健康知识的普及性宣传，可以邀请专家及企业心理健康服务人员，在需求调查的基础上，开办情绪、压力、人际关系、婚姻家庭、亲子教育、职场发展等不同主题的心理健康讲座，根据基层的实际需要送课程到基层，例如，“EAP 一线行”、健康大讲堂等，让更多员工关注心理健康，并学习掌握自我心理调适的方法和技巧。

2. 主题活动

以心理健康为主题开展活动，如“心理加油站”“健康伴我行”“我和好睡眠有个约定”等。借助讲座、推文、现场体验、心理剧等多种方式，让心理健康服务深入人心。此外，还可以根据工作和员工的需要，开展小型多样的现场体验项目，如沙盘游戏、心理游戏、催眠、绘画、卡牌、VR 穿戴等活动的现场体验，给员工带来触动和启发，从而对心理健康和心理健康服务的感受和认识更加深刻。

3. 手册海报

手册主要侧重于服务内容的宣传及使用方法的介绍，面向接受心理健康服务的所有员工发放，方便携带、易于保存，可以反复阅读。当员工遇到任何问题或困扰时，按照它的指导可以得到服务和援助，尤其是在一些典型的企业危机事件的处理中起着非常重要的作用。海报主要侧重于在员工聚集场所的目视化宣传，让员工在工作之余驻足观看，更好地起到宣传推广的作用。例如，有些企业在员工通勤车上张贴宣传海报。

4. 平台宣传

主要侧重于发挥新媒体阵地的宣传效应和功能，可以利用企业官网、官微、App 开设心理健康服务宣传板块，也可以开设专门的微信公众号、抖音号等，对员工心理健康服务工作开展宣传、推动活动。例如，在企业 App 上专门开设心理健康板块等。

四、心理咨询服务

1. EAP 服务中心理咨询的作用

心理咨询作为 EAP 服务中的重要组成部分，在提升员工心理健康、优化组织效能方面发挥关键作用。主要可以概括为以下三个方面：

（1）解决员工心理困扰，提升工作效能

通过专业心理咨询，如有效倾听、理解共情、情绪疏导等，帮助员工应对职场压力、人际关系冲突、职业倦怠等常见问题。

（2）预防心理健康风险，降低企业成本

心理咨询可以有效地解决员工大多数的工作压力、情绪困扰、家庭矛盾、人际冲突等引发的心理问题，降低或消除潜在心理危机，减少因心理问题导致的工作效率下降、安全隐患等问题。

（3）促进组织文化优化，增强员工归属感

提供心理咨询服务，可提升员工的满意度与工作幸福感。此外，将心理咨询服务融入企业价值观，还能有效提升团队抗压能力，强化组织凝聚力。

2. EAP 心理咨询与普通心理咨询的差异

EAP 心理咨询的本质是组织管理工具，强调通过心理服务提升组织绩效，普通心理咨询则是个体心理健康服务，专注个体内在成长。两者在服务目标、服务模式、付费主体和技术应用上存在着明显的差异，具体可见表 5-1。

表 5-1　EAP 心理咨询与普通心理咨询的差异

维度	EAP 心理咨询	普通心理咨询
服务目标	提升组织绩效与员工福祉并重	聚焦个体心理健康与成长
服务模式	短程咨询（≤6 次）	短程或长程灵活选择
付费主体	作为员工福利，企业付费	个人自费
技术应用	结合思想动态分析等大数据	传统面谈或线上咨询

五、心理危机管理

1. 企业常见心理危机及影响

心理危机是指个体在面对突发的严重灾难、重大生活事件或精神压力时，由于自身的应对能力和资源难以克服困难，导致心理平衡被破坏，出现痛苦、不安的状态，常伴有绝望、麻木、焦虑等情绪反应和自主神经系统症状。

心理危机的发生，并不只取决于事件本身的性质，也取决于个人以往的经验、性格、应对方式、生理状况、支持系统等。

危机事件往往会对企业的财物、声誉、运营等方面产生直接影响，并使企业中的员工受到冲击，产生危机情景下生理、心理、行为的综合反应，即应激反应。通常情况下，应激反应是个体在非正常情景下的正常反应，并不需要纠正或治疗，但急性应激反应和持续的应激状态都会对人的决策与行为产生影响，增加决策与行为的风险，从而影响组织绩效和组织的正常运转。

具体来讲，危机事件对员工常见的影响，主要体现在以下几个方面：

（1）工作效率下降，注意力分散，无法专注于任务；决策能力和操作技能受到影响，更容易出现失误，导致产品或服务质量下降，甚至安全事故发生；工作态度和团队合作受损，工作积极性下降，变得消极怠工；人际交往中变得敏感和易怒，矛盾和冲突增多，团队合作变得困难。

（2）企业氛围和文化建设受阻，员工士气降低，文化建设困难，进而影响企业的长期发展和人才留存。

（3）需要额外资源来支持员工心理健康，如借助企业 EAP 服务、提供心理咨询等，管理者需更关注员工的心理状态，增加了工作负担。

2. 心理危机管理的基本操作流程

危机管理是组织为了帮助员工应对突发的或长期的心理困扰，维护其心理健康和提高工作效能而采取的一系列措施和活动。包括制订心理危机干预方案、组织专业团队、快速响应、评估和分类处理以及持续关注和跟踪服务等。这一系列措施不仅能够帮助受影响的员工稳定情绪、恢复心理健康，并尽快回归正常生活，还能提升员工的工作满意度和忠诚度，从而促进企业的稳定发展。

（1）企业危机管理需要关注以下四个方面

个体心理危机：个体对危机的感知、应激反应、心理需求、防御机制、压力管理、危机中的认知决策行为偏差、个体抗逆力等。

群体心理危机：群体效应造成焦虑、恐慌等负面情绪的相互影响，趋于冒险或保守的群体决策，谣言与舆情等。

组建危机管理团队：对个体和群体危机心理的有效应对、危机舆情发布、组织抗逆力提升等。

心理创伤的预防与治疗：知识普及、心理素质提升、重大事件压力管理、心理急救、专业心理治疗等。

(2) 危机事件发生后，员工大多会经历以下三个阶段的心理过程

立即反应阶段：麻木、否认、情绪失控、思维混乱，特别要关注那些表情麻木、茫然、不语不动的人。

完全反应阶段：激动、愤怒、痛苦、罪恶感、焦虑、抑郁等，特别要关注那些可能会出现自伤自杀行为的人。

接受阶段：接受事实、做好将来计划、重新出发。

(3) 危机事件发生后，立即成立两个危机响应团队

危机管理团队：立即成立由责任单位、专业部室，以及人力资源、工会、宣传部门组成的危机管理工作组，召开专题会议，通报相关情况，对相关人员心理状况进行初步评估，制订包括“心理危机干预”“事件处理(保险、工伤、资金等)”“媒体应对”在内的危机管理方案。

心理危机干预团队：成立由企业 EAP 工作者、责任单位工会负责人及工作人员组成的心理危机干预团队，对相关人员心理状况进行详细评估，筛选出“团体辅导”和“个体辅导”人员，按计划组织实施。

3. 个体危机管理三步策略

第一步：真诚倾听

倾听对方叙述事件经过，可以从“看到、听到、想到、闻到、感到”，以及“认知、情绪、感觉、身体反应”等入手，充分了解危机事件对员工的影响并作出评估。特别要注意对于不想回溯的员工不要强行问询，以免引发二次创伤。

倾听对方应对方式，可以从“事件发生后你是如何照顾好自己的”“有哪些可以支持到自己的社会资源”等方面进行访谈，及时给予肯定，以充分激活资源，帮助对方找回力量。

第二步：心理辅导

“正常化”教育，针对员工出现的“失眠”“闪回”“恐惧”“抑郁焦虑”等身心状况，进行“这是非正常事件后的正常反应，一般在半个月后会消失”心理教育，让员工接纳当下出现的状况，以稳定情绪。

“稳定化”处理，可视情况采用“保险箱”“安全岛”等稳定化技术对员工情绪进行处理，并与员工探讨可自行操作的方式方法。

第三步：重新出发

探讨启示，与员工探讨此事件发生后的启示，以从危机事件中吸取教训、得到启迪。

制订计划，与员工探讨“下一步打算”，以重新回归正常工作生活。

4. 团体危机干预步骤

第一步：开场白——目的和保密

说明为何举办团体；请每位成员自我介绍；请大家保密。

第二步：把事情摊开

请成员分享自己了解的事件经过，发生了什么。

第三步：感受和反应

事件对你的影响是什么？现在的感受如何？

第四步：应对策略

你是怎样应对这些压力的？平时有这种感觉时你怎么办？下次有这种感觉时如何自助？

第五步：收尾

本次参加团体最大的收获是什么？你现在的感觉是什么？还有其他要说的吗？

第三节　典型案例分析

一、健康评估：一人一档

×××公司员工心理健康评估与建档方案策划

在快节奏的工作环境中，员工的心理健康问题日益受到重视，尤其安全生产中心理健康管理的重要性更是不可忽视。在生产过程中，员工的心理状态直接影响到他们的工作表现和安全行为，进而影响整个生产的安全性和效率。本方案旨在为×××公司提供一套系统的员工心理健康评估与档案建立流程，以保障员工的心理福祉，提升工作效率和生活质量，降低工作中的安全风险。

（一）目标设定

1. 提高员工心理健康水平

通过心理健康的评估和干预，减少心理问题的发生，提升整体工作满意度。

2. 早期发现与干预

建立机制以便及早发现潜在的心理健康问题，并采取相应的干预措施。

3. 建立完善的心理健康档案

为每位员工创建并维护个人心理健康档案，记录评估结果和干预历程。

4. 提升组织效能

通过关注员工心理健康，降低心理安全风险隐患，增强团队合作和工作效率。

（二）人员与工具

1. 心理健康管理团队

由 EAP 机构的专业心理老师负责评估与建档工作。

2. 心理健康评估工具

采用标准化的心理健康症状自评量表，内容涵盖员工个人的生活习惯、人际关系、抑郁焦虑情绪、强迫症状、躯体化反应及寝食状况等多个维度，保证量表施测的可操作性和信效度。

（三）评估实施与档案建立

1. 评估实施

提供自有平台的心理健康检测，保证测评数据的严格保密。

制作施测通知(或海报)，安排统一的评估时间，全体员工通过扫描二维码并答题的方式完成心理健康检测。

2. 档案建立

根据心理健康检测结果，形成公司心理健康总体分析报告。

建立一人一档，内容包括个人基本信息、心理健康评估结果、自我调节的方法与建议等。

（四）干预措施与效果反馈

1. 干预措施

根据评估结果，初步识别需要关注的重点个体或群体，与公司或各部门负责人进行情况反馈，并提供员工健康管理的建议及措施。

对有特殊需求的员工提供一对一的心理咨询服务。

2. 效果反馈

针对预警人员和高危人群集中的部门进行阶段性回访，根据回访结果和员工反馈，调整心理健康管理策略。

（五）风险管理

1. 隐私保护

严格遵守相关法律法规，确保员工个人信息的安全。

对心理健康档案进行加密处理，限定授权人员访问。

2. 避免标签化

避免因评估结果给员工贴上任何负面标签。

强调心理健康问题的普遍性和可治疗性，消除歧视和偏见。

3. 应对危机事件

建立紧急情况响应机制，如员工出现严重的心理危机时提供即时支持。

二、热线咨询：如何与孩子更亲近

|案　例|

艾先生的儿子小建14岁，上初二，长得虎头虎脑，体格比同龄孩子更健壮，喜欢运动。让爸爸沮丧的是，每次外派回来，儿子跟爸爸并不亲近，面对爸爸的关爱，经常借故跑掉。但每次见面儿子都会给艾先生一张购物清单，包括名牌运动服、鞋帽、电子产品等。艾先生愿意为儿子多付出，但总感觉自己就像儿子的一部取款机。父子之间好像隔着什么，无法靠近。这次休假期间，父子的心理隔阂更加严重，犹豫再三，艾先生拨打了单位的心理咨询热线。

1. 专家分析

分析父亲心理：

（1）对孩子有较强的补偿心理，通过满足孩子的物质需求表达关爱；

（2）通过高度关注孩子成长中出现的各种问题进行管教；

（3）注重给予孩子生活起居上的悉心照顾。

分析孩子疏离父亲的原因：

（1）青春期更愿意与同龄人接近；

（2）艾先生常用两种方式与孩子交流：询问学习情况和主动满足儿子的物质需要。这两种方式单一使用，会让儿子感觉父亲只关心自己的学习，不关心学习以外的其他方面，对自己爱的表达，也只有满足物质上的需求。

2. 专家支着儿

父亲多与孩子交流其喜欢或擅长的话题，耐心专注地倾听；从中了解并理解孩子的情绪感受，体现平等尊重，避免批判。交流中，发现孩子的优点及时给予赞美和认可，增强孩子的自信心，增进父子的信任和亲近。父亲多参与孩子感兴趣的活动，寓教于乐。关系大于教育，先建立关系再进行教育。

三、职场妈妈的情绪压力管理

|案　例|

林女士，35岁，是某单位的项目经理，工作节奏快、压力大。同时，她还要照顾5岁的女儿，丈夫因经常出差，育儿和家务大多落在她身上。最近，林女士常感到疲惫、焦虑，甚至失眠，工作效率下降，对孩子的耐心也变差。她尝试过自我调节，但效果不佳，于是通过公司的EAP（员工帮助计划）寻求心理咨询帮助。

1. 专家分析

林女士的心理状态分析：

（1）角色超载：同时承担职场高要求和家庭责任，长期处于紧绷状态，导致身心疲惫。

（2）情绪压抑：习惯性忽略自身情绪，认为“撑一撑就过去”，但负面情绪不断累积。

（3）完美主义倾向：对自己要求过高，既想在工作上表现出色，又想成为“完美妈妈”，导致压力倍增。

问题根源：

（1）缺乏支持系统：丈夫参与家庭事务较少，林女士独自应对多重压力。

（2）自我关怀不足：很少留出时间放松或满足个人需求，长期处于“付出模式”。

（3）职场与家庭的边界模糊：下班后仍处理工作消息，难以真正放松。

2. 专家支着儿

（1）建立支持网络

与丈夫沟通，合理分配家庭责任，如约定固定时间共同育儿或家务。

适当借助外部资源，如请父母临时照看孩子，或考虑家政服务减轻负担。

（2）练习自我关怀

每天留出15~30分钟“专属时间”，用于散步、阅读或冥想，帮助情绪放松。学习接纳自己的局限，允许偶尔“做不到”，减少自我批评。

（3）设定清晰的工作与生活边界

下班后设定“免打扰时段”，除非紧急情况，不处理工作消息。用清单管理任务，区分优先级，避免过度消耗精力。

第六章　EAP与职业发展

本章聚焦员工职业发展与EAP的关系。首先阐述职业发展对个人和组织的重要性，以及EAP的理论基础；接着分析职业发展规划的六大价值，以及企业借助EAP参与员工规划的方式；随后介绍EAP在职业咨询、技能培训、压力管理等方面的服务，以及针对不同职业阶段员工的支持策略；最后介绍三个典型案例，详细展现EAP解决实际问题的成效。

第一节　EAP 对员工职业发展的意义与作用

一提到职业发展这个话题，人们可能会理所当然地认为这是个人的事，跟企业或者组织没什么关系，可是你有没有想过，如果按照平均 20 岁工作，60 岁退休，平均寿命 80 岁来计算的话，人的一生将有一半的时间在工作。继续思考一下，如果每个人都适才适所，企业做到了人岗匹配，那么，不仅每个人都有发展的前途，而且组织和社会也会欣欣向荣；相反，个人贫困，组织问题丛生。这是由于职业选择和规划，对个人和社会都有极重大的意义。因此，组织和培训单位，对于员工职业发展的认识、规划和准备，应该格外重视，进而实施生涯教育。EAP 则可以有效地助力企业中员工的职业发展。

一、EAP 助力员工职业发展的理论基础

职业生涯规划既包括个人对自己进行的生涯规划，也包括企业对员工进行的职业规划管理体系。EAP 有效助力员工职业发展的功能可以使员工个人在职业起步阶段成功适应企业，在职业发展阶段走出困惑，实现职业突破；同时对于企业来说，良好的职业生涯管理体系还可以充分发挥员工的潜能，给优秀员工一个明确而具体的职业发展引导，从人力资本增值的角度达成企业价值最大化。EAP 借助教育测量学、现代心理学、组织行为学、管理学、职业规划与职业发展理论等相关科学经典理论，结合中国特色的企业管理实践和个人性格特征，形成了比较成熟、完善的职业生涯规划体系，其中涉及如下几个理论。

1. 埃里克森人生发展八阶段理论

该理论是由美国著名精神病医师埃里克森（E. H. Erikson）提出的，他认为人的自我意识发展持续一生，并将自我意识的形成和发展过程划分为八个阶段，每个阶段都有要面对的冲突和需要解决的课题。从这一理论出发可以帮助员工做好整个人生的发展和规划，从而在面临职业选择的时候更有目标和方向。

2. 理性决策理论

源于经济学的决策论在职业发展方面的应用，认为职业规划的目的在于培养和增进个体的决策能力或问题解决能力。

3. 职业发展理论

是从发展的观点来探究职业选择的过程，研究个体职业行为、职业发展阶段和职业成熟的职业指导理论。

4. 心理发展理论

用心理分析的方法研究职业选择过程，认为职业选择的目的在于满足个人需

要、促进个体发展。心理发展理论主张职业指导应着重“自我功能”的增强。因为如果个人的心理问题获得解决，那么包括职业选择在内的生活问题就会顺利完成而不需另行指导。

5. 人与职匹配理论

认为每个人都有自己独特的能力模式和人格特质，而某种个性特质与某些特定的社会职业相关联。人人都有选择与其特质相适应的职业的机会，而人的特性是可以用客观手段加以测量的。职业指导就是要帮助个人寻找与其特性相一致的职业，以达到人与职业的合理匹配。

二、员工职业发展与规划的意义

对于员工而言，职业发展与规划是把现有的成就作为基础，确立人生的方向，提供奋斗的策略。它可以助力个人突破生活的防线，塑造清新充实的自我。通过一系列方法准确评价个人特点和强项，从而定位职业方向。继而发现新的职业机遇，增强职业竞争力。除此之外，还应该将个人、事业与家庭联系起来，从更全面而宏观的视角来看待职业发展。其主要意义有如下几个方面：

1. 个人成长与满足

职业发展与规划为员工提供了一个明确的职业路径和目标，帮助他们更好地了解自己、认识自己的兴趣和能力，从而做出更合适的职业选择。这有助于员工在工作中获得成就感和满足感，提升自我价值感。

2. 提升技能与能力

通过职业发展与规划，员工可以明确自己在工作中需要提升的技能和能力，进而有针对性地参加培训和学习，不断提升自己的专业素养和综合能力。

3. 增强工作动力和积极性

当员工看到自己在组织中有明确的职业发展前景时，他们会更加积极地投入工作，努力提升自己的工作绩效，以获得更好的职业发展机会。

4. 提高组织绩效

员工职业发展与规划不仅有助于个人成长，也有助于组织整体绩效的提升。当员工具备了更高的技能和更强的能力时，他们能够更好地完成工作任务，为组织创造更多的价值。

5. 增强员工忠诚度

通过为员工提供职业发展与规划的机会，能够增强员工对组织的认同感和归属感，提高员工的忠诚度。员工感受到组织对他们的重视和关心，会更加愿意为组织贡献自己的力量。

6. 优化人力资源配置

职业发展与规划有助于组织更好地了解员工的能力和潜力，从而更合理地配置人力资源。组织可以根据员工的职业发展规划，为他们提供更合适的岗位和职责，以充分发挥他们的优势。

三、企业如何参与和支持员工的职业生涯规划

职业生涯规划虽然是员工谋求自我发展的个人设计，但企业可以借助 EAP 通过企业文化、制度体系等辅助性措施从外部加以指导。恰当地参与员工职业生涯规划，可以使企业及时掌握员工的个性化特征和职业发展动向，了解员工的需要、能力及自我目标，加强个体管理；再辅以按照员工兴趣、特长和公司需要相结合的培训发展计划，充分挖掘其潜力，使员工真正安心于企业工作并发挥其最大潜能，创造出企业与员工持续发展的良好氛围与条件。职业生涯规划由此也成为联系企业与员工的工具。一般来说，企业参与员工职业生涯规划可从以下方面着手。

1. 了解员工个人自我发展规划

寻找其与企业理念、目标的最佳切入点，以此作为企业指导员工职业发展的起点。企业和员工是紧密联系的利益共同体，双方的发展相互依存。每个员工都会有自己的生涯设计，追求的可能是权力、财富或是工作的安定感，哪种人适合企业需要，企业可以在多大程度上满足其自我目标，合作的潜力有多大，企业就会按照发展需要选择相适应的且真心愿意在企业工作以实现自我的合适人选。

2. 有步骤、有计划、分阶段地帮助员工进行自我提高

方式和手段包括培训进修、轮岗锻炼、工作加压等，同时予以及时评价，使员工认识自我、修正自我，进而产生与企业同命运、共发展的内在动力与创新能力。员工的发展很大程度上依赖于企业合理的职业管理。实现企业与员工的共同成长，关键在于建设"以人为本"的企业文化，在企业中创造出进取、和谐、平等的企业精神氛围，形成强大的精神动力，在理念层次达到企业内部和谐一致。企业首先要为员工创造一个能够施展才华、实现自我价值的舞台，其次积极引导，让员工在企业中能够找到一条发展道路，把全部身心融入企业的发展中，奉献全部智慧。员工谋求职业发展是一个不断提升自我的过程，以企业为主导的培训应成为辅助员工职业发展的有力工具。重视通过有效培训提升员工的职业安全感和工作能力，利用员工能力开发员工潜能，这是人力资源管理的方向。

3. 完善管理制度和管理体系

为员工提供工作机会和发展阶梯。企业运行机制的核心是人的激励与约束，如果没有有效的激励机制、约束机制与发展机制，员工的积极性、创造性就得不到发挥。管理者首先应当明确员工的职位升迁不是企业对员工的酬谢或赏赐，而是双方共同的目标。员工的自我实现通过横向的（如金钱）和纵向的（如职位）发

展来体现。企业须提供相应的、可以证明员工自我实现的内部条件，如职位、权责、待遇、福利等，本着“以人为本”的思想，从尊重员工发展需要、帮助员工发展的角度出发，制订人性化与理性化相结合的职业提升方案，让其持续拥有向前发展的希望，从而保持人力资源管理的主动性。外资企业中，在设置管理职位的同时会留有充裕的、平行的非管理职位，以避免员工职业通路的堵塞，使每位员工都有为实现自我价值而工作的动力。

第二节　EAP 对企业员工职业发展的服务实践

EAP 在员工的职业发展中可以发挥重要的支持作用。

首先，EAP 可以提供专业的职业咨询和指导。通过一对一的咨询服务，EAP 专业人员可以帮助员工了解自己的职业兴趣、优势和劣势，协助他们制订合理的职业规划。例如，对处于探索阶段的员工，EAP 咨询师可以引导他们进行自我探索，了解不同职业的特点和要求，帮助他们找到适合自己的职业方向；对处于建立阶段的员工，EAP 可以提供职场沟通技巧、时间管理、压力应对等方面的培训，帮助他们更好地应对工作挑战。

其次，EAP 还可以提供职业发展资源和信息。EAP 项目可以整合各种职业发展相关的资源，如职业培训课程、行业动态、招聘信息等，并及时推送给员工。这有助于员工了解市场需求和行业趋势，提升自己的职业素养和竞争力。例如，某公司的 EAP 为员工提供了在线学习平台，员工可以在上面学习各种专业技能课程和职业发展课程。同时，EAP 还定期组织行业专家讲座，让员工了解最新的行业动态和发展趋势。

另外，EAP 可以帮助员工缓解职业发展过程中的心理压力。在职业发展的不同阶段，员工都可能面临各种压力和挑战，如工作压力、职业转型压力、晋升压力等。EAP 可以通过提供心理咨询、放松训练、情绪管理等服务，帮助员工缓解这些压力，保持良好的心理状态。比如，当员工在面临晋升失败时，可能会感到沮丧和失落，EAP 咨询师可以与他们进行沟通，帮助他们调整心态，重新树立信心。同时，EAP 还可以提供一些应对挫折的方法和技巧，让员工学会从失败中吸取经验教训。以下是 EAP 在职业发展方面的具体功能。

一、职业咨询与规划

EAP 关注员工的职业发展，提供职业规划、技能提升、职业辅导等方面的业务。这有助于员工明确职业目标、提升职业能力，并在职业生涯中取得更好的发展。

1. 职业咨询与支持

提供专业咨询：EAP 可以为员工提供专业的职业生涯咨询师或心理咨询师，帮助员工解决职业困惑，明确职业目标。这些咨询师能够熟练运用专业知识和技巧，引导员工进行内在的自我探索，深入全面地了解自己的职业兴趣、能力和价值观。

个性化建议：基于职业咨询的结果，EAP 可以为员工提供个性化的职业发展和规划的建议。这些建议可能包括技能培训、学历提升、职业转型等方面的指导，从而帮助员工制订切实可行的职业发展计划。

资源对接：EAP 还会协助员工对接内外部的资源，如内部培训课程、外部教育机构、行业交流会等，为员工的职业发展提供及时而有力的支持。

2. 职业规划指导

明确职业路径：EAP 通过职业规划指导，帮助员工明确自己未来的职业路径和发展方向。这包括分析行业趋势、职业前景以及员工自身的职业定位，确保员工的职业规划既符合个人兴趣和能力，又符合组织的战略规划，同时具备可行性和前瞻性。

制订行动计划：在明确职业路径的基础上，EAP 会协助员工制订具体的职业发展行动计划。这些计划通常包括短期、中期和长期目标，以及实现这些目标所需的步骤和资源。

跟踪与调整：EAP 还会定期对员工的职业发展进展进行跟踪和评估，并根据实际情况对职业规划进行调整和优化。这种持续的跟踪和调整机制有助于确保员工的职业规划始终与自身发展需求和市场变化保持一致。

3. 提升职业竞争力

技能培训：EAP 通过提供职业技能培训，帮助员工提升专业技能和综合素质，增强职业竞争力。这些培训可能涵盖行业知识、专业技能、软技能等多个方面。

领导力培养：对于想晋升领导岗位的员工，EAP 还可以提供领导力相关的培训和指导，帮助员工提升个人魅力和影响力，为未来的职业发展奠定坚实基础。

4. 营造积极氛围

宣传与教育：EAP 通过宣传和教育活动，提高员工对职业规划重要性的认识，营造积极向上的职业发展氛围。这有助于激发员工的职业热情和发展动力。

团队建设：EAP 还关注团队建设和团队协作能力的提升，通过组织团队建设活动和培训项目，增强员工之间的沟通和协作能力，为职业发展创造良好的内部环境。

综上所述，EAP 在员工职业咨询与规划方面发挥着多方面的作用，不仅为员工提供专业的咨询和支持服务，还通过职业规划指导和技能培训等手段帮助员工明确职业方向、提升职业竞争力，并营造积极的职业发展氛围。

二、技能培训与提升

培训与教育在 EAP 中发挥着重要作用，同时也是预防心理问题、提升员工心理素质的重要途径。其旨在提升员工的知识水平、技能和应对能力，促进员工的个人成长和职业发展，满足员工在不同方面的需求，促进他们的身心健康。如“心理健康”“压力管理”“沟通技巧”“时间管理”等培训课程，都可以用于提升员工的职场能力和心理素质，其中心理健康类的教育旨在提高员工对心理健康的认识和重视程度，帮助他们建立科学的心理健康观。冲突解决技巧培训对于提升团队和谐、减少人际摩擦具有重要意义。培训中将介绍有效的沟通技巧、情绪管理策略以及团队建设活动，帮助员工更好地处理工作中的冲突和分歧。

三、工作压力管理

1. 工作压力与应对

工作压力对员工的影响是多方面的。首先，工作压力会影响员工的情绪状态。长期处于高压力状态下的员工，往往会出现焦虑、抑郁、烦躁等不良情绪，这些情绪会进一步影响员工的工作效率和生活质量。其次，工作压力会影响员工的身体健康。长期处于高压力状态下的员工，往往会出现头痛、失眠、消化不良等生理问题，这些生理问题会进一步影响员工的身体健康和工作效率。此外，工作压力还会影响员工的工作表现。长期处于高压力状态下的员工，往往会出现注意力不集中、记忆力减退、决策失误等问题，这些问题会进一步影响员工的工作表现和职业发展。

面对工作压力，员工需要采取有效的应对措施来缓解压力，保持身心健康。其中，EAP 干预在帮助员工应对工作压力方面发挥着重要的作用。通过 EAP 干预，员工可以获得专业的心理咨询、心理培训、心理支持等服务，帮助他们更好地应对工作压力。

在 EAP 干预中，心理咨询是一种重要的手段。心理咨询可以帮助员工了解自己的心理状态，认识到自己的压力源和应对方式，从而找到更有效的应对策略。通过与心理咨询师的沟通和交流，员工可以获得情感上的支持和理解，释放内心的压力和负面情绪，从而调整心态，重新投入工作中。此外，心理培训也是 EAP 干预中的重要组成部分。心理培训可以帮助员工掌握一些应对压力的技巧和方法，如放松训练、认知重构、情绪管理等，这些技巧和方法可以帮助员工在面对压力时更好地调整自己的心态，缓解压力。

2. 情绪管理与心理健康

在 EAP 干预中，针对情绪管理与心理健康的支持和引导是非常重要的。EAP 提供的专业心理咨询和培训可以帮助员工了解自己的情绪模式和心理状态，掌握有效的情绪管理技巧和应对策略。通过与专业心理咨询师的交流，员工可以获得个性化的支持和指导，学会如何识别和应对自己的情绪反应，如何在压力下保持冷静和理智，以及如何培养积极的心态和应对困难的能力。

此外，EAP 还可以通过开展心理健康教育和培训活动，提高员工对心理健康的认识和重视程度。这些活动可以包括心理健康讲座、工作坊、团体辅导等形式，向员工普及心理健康知识，传授情绪管理的方法和技巧，帮助员工树立正确的心理健康观念。同时，EAP 还可以提供心理测评和评估服务，帮助员工了解自己的心理状况和潜在的心理风险，以便及时采取相应的干预措施。

情绪管理和心理健康不仅对员工个人的发展和幸福有着重要的影响，也对企业的发展和稳定具有重要意义。一支心理健康的员工队伍能够提高工作效率、增强团队凝聚力、降低员工流失率，从而为企业创造更大的价值。因此，企业应该高度重视员工的情绪管理和心理健康问题，将其纳入企业管理的重要议程中，通过提供 EAP 等支持和服务，为员工创造一个良好的工作环境和心理支持体系。

四、职业生涯的不同阶段

1. EAP 助力新员工职业启航

对年轻人而言，职业选择是否适当，会影响其将来事业的成败以及一生的幸福；对组织而言，个人择业是否适当，能决定组织人力供需是否平衡。EAP 在助力新员工职业启航过程中，发挥着多方面的作用。

心态调整与角色转换：EAP 通过入职培训和个体生涯咨询，帮助新员工调节入职初期的不适应和焦虑心态，防止他们因不能快速适应环境而失去工作信心和勇气。EAP 的培训目标之一就是帮助新员工完成角色转换，从校园过渡到职场。

认同企业文化与增强归属感：EAP 通过组织座谈会、工作坊等方式，促进新员工与老员工之间的交流，增强新员工的团队意识和合作精神，同时提升他们对企业文化的理解和认同，建立对企业的归属感。

职业生涯规划与发展：EAP 提供职业生涯规划相关的培训和咨询，帮助新员工明确自己的职业发展方向和目标，制订可行的职业发展规划。例如，通过 OH 卡牌、沙盘等创新方式，让员工更好地了解自身性格和特长，确定职业发展计划。

提升职业技能与素养：EAP 不仅关注员工的身心状态，还提供各种培训课程和发展机会，帮助新员工提升专业技能和职业素养。这些培训有助于新员工更快地胜任工作，实现个人生活和职业全方位发展。

应对压力与挑战：EAP 提供与工作和个人生活相关的支持，帮助新员工提升应对工作压力、焦虑和其他方面的心理问题的能力。通过提供专业的咨询服务，员工可以学习应对压力的技巧，提高工作满意度和幸福感。

促进团队合作与沟通：EAP 培训通常包括沟通技巧和冲突解决方案的培训，帮助新员工更好地处理与同事之间的关系，以及解决工作中的冲突。良好的团队合作和有效的沟通有助于提高工作效率和员工满意度。

持续跟踪与支持：EAP 项目不仅关注新员工入职初期的适应问题，还提供后续的支持和跟踪。通过定期评估项目效果，EAP 服务可以根据员工的反馈和需求，及时调整和优化项目内容，确保新员工在职业启航过程中得到持续的支持和帮助。

综上所述，EAP 可以通过多种渠道的支持和帮助，助力新员工顺利完成职业启航工作，提升他们的职业技能和心理健康水平，为企业的稳定发展贡献力量。

2. EAP 赋能中年员工职业续航

EAP 在赋能中年员工职业续航工作中，可以发挥多方面的作用。

职业中期发展规划与支持：EAP 可以帮助中年员工明确自己的职业目标和发展路径，提供个性化的职业发展规划建议。这包括评估员工的技能、兴趣、价值观及组织需求，协助他们制订符合组织和个人需求的职业发展计划。同时，针对中年员工可能面临的职业瓶颈或转型挑战，EAP 可以提供专业的职业咨询和支持，帮助他们找到新的职业机会或发展方向。

心理健康支持：随着年龄的增长，上有老下有小的中年员工可能面临更多的生活和工作压力，EAP 可以提供心理健康教育和咨询服务，帮助他们管理压力、缓解焦虑、提高自我调适能力。同时，EAP 还可以组织心理健康活动，如压力管理工作坊、情绪管理课程等，帮助中年员工增强心理韧性，提升应对压力和挑战的能力。

技能培训与提升：针对中年员工可能存在的技能更新需求，EAP 可以提供各种技能培训课程，帮助他们掌握新的知识和技能，提高职业竞争力。这些培训课程可以涵盖多个领域，如信息技术、管理技能、领导力发展等，以满足中年员工多样化的学习需求。

家庭与工作平衡：中年员工往往承担着更多的家庭责任，EAP 可以提供相关的家庭支持服务，如婚姻家庭咨询、子女教育辅导等，帮助他们更好地平衡家庭与工作之间的关系。通过提供这些服务，EAP 可以减轻中年员工的家庭压力，使他们能够更专注于职业发展，提高工作满意度和幸福感。

增强归属感和忠诚度：通过 EAP 的多种支持和服务，中年员工可以感受到企业对他们的关怀和重视，从而增强对企业的归属感和忠诚度。这种积极的情感联系有助于建立长期稳定的雇佣关系，促进企业的可持续发展。

综上所述，EAP 通过提供职业发展规划、心理健康支持、技能培训、家庭与工作平衡等多方面的服务，赋能中年员工职业续航工程，帮助他们应对中年职业挑战，实现个人和企业的共同发展。

3. EAP 助力离退休人员职业新航程规划

EAP 在助力离退休人员职业新航程方面可以工作的方面有很多。

心理关怀与情绪支持：EAP 服务为离退休人员提供心理关怀和情绪支持，帮助他们顺利过渡退休生活，缓解因职业变动带来的心态失衡和情绪波动。

建立有效沟通机制：通过 EAP 服务，企业可以搭建与离退休人员的沟通平台，及时了解他们的需求和困难，提供必要的帮助和支持。

满足多元化服务需求：随着离退休人员数量增长、高龄化趋势显著以及服务需求多元化，EAP 服务可以不断创新管理方式，从满足老同志心理需求出发，提供个性化的服务方案。

对于即将面临退休的人员：EAP 可以提供退休规划和财务咨询服务，帮助他们制订合理的退休计划，确保经济上的安全和稳定。这些服务可以包括养老金规划、投资策略咨询等，帮助他们做好退休前的各项准备。

促进个人成长与发展：EAP 服务不仅关注离退休人员的心理健康，还注重他们的个人成长与发展。通过提供培训、讲座等活动，帮助他们保持积极的心态，继续发挥余热，为社会和企业发展贡献力量。

增强归属感和凝聚力：通过 EAP 服务，企业可以表达对离退休人员的关心和尊重，增强他们的归属感和凝聚力，使他们感受到企业大家庭的温暖。

综上所述，EAP 通过提供心理关怀、建立沟通机制、满足多元化服务需求、促进个人成长与发展以及增强归属感和凝聚力等方式，助力离退休人员顺利开启职业新航程。

第三节　典型案例分析

一、由“学生”到“工作者”的转变

大学生刚刚走出校园步入社会，往往不能迅速实现由“学生”到“工作者”的角色转变。热情、活力、富于挑战精神是青年人的特点和优势，而正确运用这些

优势和特点，正是推动青年人成长成才的必要方法。认同感是新入厂员工最需要的“暖心剂”。如何让新员工尽快融入胜利大家庭？每个企业多年的精神积淀、无私奉献都是宝贵财富，都需要在潜移默化中传递给新一代员工。同样，新一代员工也需要企业这个大家庭的接纳和认同。

| 案　例 |

某采油厂近五年分配高校毕业生130余人，是生产、管理战线上的重要接替力量，他们大多是“80”后，是一个思想活跃、追求上进的个性化团体。2009年初，某采油厂团委调研后认为之所以大学生有各种需求和问题，是因为大学生分散在各个单位、年龄差距大(大学生与本单位的队长、指导员年龄差距至少在10岁)、认识不同、居住条件不一，二级单位层面没有一个大学生易于参与、交流想法、诉说需求的平台。因此，某采油厂团委把近五年毕业的大学生作为一个特殊的群体，开展了以青年俱乐部留心、阵地建设搭台、人才培养铺路为主的“高校毕业生成长导航计划”。

两年前，黄小鹏大学毕业后分到孤东作业二大队。刚进入新单位，面对荒凉艰苦的工作生活环境，让他一时动了辞职的念头。正当他犹豫徘徊时，“高校毕业生成长导航计划”让他眼前一亮，他试着参加了青年人才俱乐部，这里丰富多彩、新鲜有益的职业导航活动很快解除了他的苦恼。通过学习体验，他对胜利油田的开发历史有了更深的了解，看到了大学生在一线的发展前景，离开荒原的念头很快就打消了。

“高校毕业生成长导航计划”包括三个方面：一是青年俱乐部留心。某采油厂团委组建的青年人才俱乐部，先后吸收了130余名近几年分配的大学生成为会员。俱乐部成立了文体活动组、技术交流组、志愿服务组，通过开展一系列青年喜闻乐见的活动，不断提升大学生们的职业素质，而且还为他们提供了解决工作生活困难、向上级合理反映问题的渠道。二是阵地建设搭台。采油厂团委不断加强两项阵地建设。在硬件上，充实基层团的活动场所，先后为70余个基层团支部发放各种文体活动用品，配发油田相关专业书籍近万册；在软件提升上，充分发挥网络优势，依托单位的网络基础，建立青年网上科技图书馆，开辟了青年技能培训专栏、成果论文展示专栏以及青年学术交流合作论坛网页等重要阵地。三是人才培养铺路。开展导师带徒活动，选取往届优秀的大学生或优秀的技术员与近几年毕业的大学生结成师徒，指导新分配的大学生尽快走上正轨；开展“青年论坛“活动，组织稠油、三采、水驱等9场专题，邀请了石油大学的教授及油用地质院、采油院的技术专家与采油厂生产开发、科研攻关一线的高校毕业生座谈、交流；开展大学生职业生涯导航活动，聘请专家为大学生分析个人的性格特点、人生目标、特长以及如何处理工作发展中遇到的问题等进行职业发展方面的指导，帮助大学生设计职业生涯发展轨道。通过一系列具有针对性的 EAP 项目，帮助近五年毕业的大学生根据自身特长，处理好工作发展中遇到的问题，设计好职业发展轨道，让高校毕业生更好、更快地成长成才，先后有 10 余人走上了基层队队长等以上的管理岗位，3 人荣获了采油厂“十大杰出青年”称号，4 人荣获油田个人二等功，开创了共青团工作的新局面。

1. 专家分析

人的一生，实质上是一个不断适应的过程，新员工的适应只是人生某一阶段的一个新起点。新员工刚进入企业，面对新的工作、新的环境、新的同事，需要一个认识、了解、熟悉的过程，需积极用心，但勿操之过急。企业可以通过 EAP 帮助新员工尽快适应新环境，主动适应新规则，按照企业发展提升自我。

2. 专家支着儿

（1）创造各种条件帮助新员工了解胜利文化。胜利油田 1961 年 4 月 16 日“华八井”发现为标志，已成立 60 多年了。60 多年来，为了国家石油工业的发展，一代一代胜利人扎根荒原，“闻油而喜，为油而战”“哪里有石油，哪里就是家”“先生产后生活”“没有条件创造条件也要上”“献了青春献终身，献了终身献子孙”，为国家的能源建设殚精竭虑、无怨无悔。胜利油田继承石油石化工业优良传统，融汇军营文化、齐鲁文化等多种元素，创新发展了丰富的文化内涵，提炼形成了“从创业走向创新，从胜利走向胜利”的新时期胜利精神，“百年创新，百年胜利”的共同愿景，“共创百年胜利，共建和谐油田，共享美好生活”的共建共享理念，积淀形成了具有鲜明行业特色和独特企业个性的深厚文化资源。这些都是新员工进入油田新环境、适应新环境需要了解的，这也是尽快融入油田的基础。

（2）鼓励新员工多学、多问、多了解。投入一个新的文化环境中，要求新员工多学、多问、多了解。对于“可视规矩”即公司的制度、流程和职位说明书，要加强学习；对于“不可视规矩”即企业文化，要虚心向老员工请教，多交流、多渗透。工作中遇到难题或是处理问题拿不准时，不要不闻不问或不懂装懂，而应主动大方地请教身边的同事，培养自己对公司的归属感。对于工作要把握一切机会去努力，钻研专业知识和实践操作技能，学习其他同事的工作方法，在适当的时候恰当地表现自己，用实力来证明自己可以胜任工作。

（3）帮助新员工尽快融入团队。现代企业不可能单打独斗。想要被一个团队接纳，就得接受和认同团队的价值观念，在这个团队找准自己的角色位置。积极参加公司举办的各种活动，这是新员工融入团队的一个有效方法。哪怕是共进一次午餐，也可以加深和同事之间的关系。因为在工作中和同事深入接触的机会有限，大家都忙于自己的事务，不可能过多地交流。而在一些非正式场合则可以对公司的团队有更深的了解。需要注意的是，融入团队并不是拉帮派、搞小圈子。你所处的队、站、组，是一个讲究团队士气和团结精神的地方，和同事相处，要一视同仁，切不可分帮分派，游离于公司的主流文化。

二、“职场升迁不顺”的压力疏导

在快节奏的现代职场环境中，“职场升迁不顺”成为一个普遍关注的社会现象。这不仅关乎个人职业发展，更是心理健康与自我价值实现的重要议题。

|案　例|

上午10点多，一位男士推开了咨询室的门。

来访者姓刘，年龄36岁，大学文化，目前在油田某单位担任副职7年。在家兄弟姊妹3个，排行老大，从小父母要求严格。父亲经常在言谈举止中表露出“老大要像老大的样子”“人要有尊严，长子要光宗耀祖”“看看人家门前车水马龙，那活得叫尊严”。还经常在邻居面前夸口：“我儿子现在是一名副科级干部，很快就要转正了”等。儿子每次携妻带子回家时，父亲都要求把车子一定要停在自家门口，不能停在别人家门口。

今年四月份单位人事进行了调整，来访者所在单位领导被调到了上级单位任职。来访者理所当然地认为自己可以转正，这也是他等待好久的事情了。来访者认为自己身边的几个干部确实都不怎样、不如他，自己做副科级干部好几年了，论能力、论知识、论资历、论经验，论什么也该轮到他了。大家平时也对他说：“什么时候提拔呀？到时候可别忘了请客呀。”但没想到的是，此次干部调整他并没有得到提拔，反而从外单位调来一名副科级转正后做他的正职领导。

困扰该来访者的问题似乎来了：“凭什么？为什么命运如此弄我？让我摊上这么倒霉的事情。”“为什么领导不赏识我、不重用我？还要考验我到什么时候？我都36岁了。论啥我不行？我觉得单位的同事看我的时候都在嘲笑我无能、窝囊。”来访者开始有些歇斯底里。“我晚上的睡眠也出现了问题，躺在床上辗转反侧久久不能入睡。都快一年了，我发现自己快吃不住劲儿了。”

来访者说现在他和这位领导的关系非常紧张，有时开会的时候，他会自觉不自觉地在会上与领导产生分歧，他们有时在会上吵翻天，弄得其他与会干部不知如何是好。干部员工既不敢惹自己，更不敢得罪这位正职领导。一段时间以来，不得不做的工作安排不下去，干部和骨干员工好像都在躲着自己。于是他更气愤了，觉得这一切全都是新来的领导带来的。

一段时间后，该来访者被上级部门平行调离原工作岗位。到了新岗位一年以来，闷闷不乐，工作无精打采，睡眠质量一直下降，感觉自己很丢人、很失败，经常无故对妻子和孩子发火，感觉自己辜负了父亲的期望和托付。自从调离原工作岗位以后，一直也没回原单位看望多年以来支持、关心他的员工和领导。

咨询师针对求助者状态，对其进行了 SCL-90 自我测评。结果显示其人际关系 2.4 分，敌对 2.2 分，抑郁 2.3 分，焦虑 2.5 分，高出正常值。

咨询师结合来访者自我描述和 SCL-90 心理健康状况自测量表情况，对来访者的身心健康状况进行了评估，分析原因如下。

(1) 社会原因：自幼父母对他要求苛刻，家庭内部成员之间缺乏必要有效的沟通和交流。现实事件激发了来访者的身心问题，导致冲突。

(2) 心理原因：存在认知错误，认为领导不赏识他、不重用他；自己命运太惨；自己应该得到提拔重用；别人都瞧不起他。情绪上有比较严重的焦虑、抑郁、敌对情绪。反映出其行为模式：遇到挫折自怨自艾，情绪低落，怨天尤人，没有良好解决问题的策略、技巧和心态。

(3) 来访者本身性格内向、偏执，并且深陷苦恼和纠结之中不能自拔。

咨询师根据处理事情先处理情绪的原则，先处理来访者的情绪。

咨询师："你没有得到提拔和重用，感觉到很烦、很愤怒，认为不公平。"

来访者："一年以来我没有睡几个好觉，整天处于郁闷、烦躁的状态中。我认为别人都不理解我、瞧不起我，这让我很生气。"

咨询师："现在请你把这些情绪和想法大胆地大声喊出来。"

来访者表现出疑惑和犹豫，咨询师再次予以鼓励说："你不必看我，尽管喊自己的，我保证会为一切保密。"

于是，来访者开始了情绪的宣泄：

"我很烦！为什么是他不是我？太不公平了。""我很烦，我睡不着觉，没有人能理解我。"

"我已经完了，一切都完了！一切都不能挽救。我再也没有机会了。"

咨询师鼓励他大声喊多次。一直到他声音嘶哑无力为止。然后又引导他来到沙发上半躺好，闭上眼睛，打开音响，缓缓播放催眠放松音乐。咨询师轻柔的声音在他的耳边响起。

"请把注意力放到你的呼吸上。有意识地深呼吸三次，你的呼吸越缓慢，你的身体将会愈加舒服和放松。"

"你的经历让我清楚地知道，你在工作中做了很多努力，你一直都没有放弃，一直都很坚持，领导没有提拔你，你由此产生一些情绪，都是可以理解的，也在情理之中。但并不代表你不优秀，你依然很优秀，很有追求，很有理想，这一点得到很多人的认可和欣赏，包括你的原任领导和现任领导以及你很多的同事。这一点你认同吗?"来访者点了点头。

“人的一生并不是一帆风顺，并不是自己想要的一定会得到，关键是人在遇到困难的时候是否依然坚持，坚信人的价值体现不是只有唯一的途径，而是多条途径和多种方法。”

“请你慢慢回想一两件自己感到很荣耀的事情。我相信这样做会对你有很大的帮助。当你能够想起的时候请你慢慢讲述出来。”咨询师试图重新恢复和激发来访者的自信和积极性。

随着轻柔的音乐，来访者带着欣喜的面部表情进入了愉快的回忆中，并清楚地讲述了两件他自己做过的很有价值的事情。咨询师看到来访者脸上焕发出明显的光彩，对他做了放松唤醒。咨询师询问他的感觉，他说：“现在感到很轻松，好像放下了沉重的包袱，并觉得事情或许还有其他的可能性。”

咨询师布置了作业：“回去之后做一个调查，看看现任副科级岗位工作了5年以上的干部有多少？作为下次咨询的其中一个讨论内容。”来访者愉快地答应了。

经过多次咨询，来访者情绪平和了很多，对之前上级领导不再抱怨和敌对，在发现了自己优势的同时也发现了自己的不足，认为领导没有任用自己，是因为自己确实在很多方面不成熟、不细致，需要在一段时间内学习和成长，还认识到无论单位是否任用自己，学习和成长是一生都要坚持的事情。

1. 专家分析

一个人的认知水平确实影响人的情绪和行为，不同的认知导致态度、情绪、行为的结果也会不同。干部调整升迁是工作中经常遇到的事，为什么有人落寞、有人亢奋、有人淡定？这或许就是人的认知水平和态度所决定的。在本案例中，来访者带着情绪来，咨询师智慧地先处理情绪、宣泄情绪，然后再调整不良认知，同时激发来访者内在的自信心和正向能量，从而帮助其步入工作生活正轨，彰显了心理学助人自助的使命。

2. 专家支着儿

当员工在升迁过程中遇到不顺利而产生负面情绪时，EAP 可以通过以下方式助力：

（1）情绪识别与接纳：首先，EAP 应帮助员工识别并接纳自己的负面情绪。这包括通过专业的心理咨询或辅导，让员工了解自己的情绪状态，并认识到这些情绪是正常的反应。

（2）情绪管理培训：EAP 可以提供情绪管理培训，教授员工如何有效地管理和调节自己的情绪。这包括识别情绪的触发因素、学习情绪调节技巧（如深呼吸、冥想等）以及建立积极的情绪应对策略。

（3）职业发展与规划咨询：针对员工升迁不顺的问题，EAP 可以提供职业发展与规划咨询。通过了解员工的职业目标、技能和兴趣，EAP 可以帮助他们分析当前的职业状况，并提供个性化的职业发展建议。这有助于员工重新定位自己，找到新的职业发展方向。

（4）心理支持与辅导：EAP 还可以提供心理支持与辅导服务，帮助员工应对因升迁不顺而产生的心理困扰。这包括情绪疏导、心理干预以及提供应对策略等。EAP 的专业心理咨询师会与员工进行深入的交流，了解他们的内心需求，并提供必要的心理支持。

（5）促进沟通与交流：EAP 可以组织各种形式的沟通与交流活动，促进员工之间的互相理解和支持。通过分享彼此的经验和感受，员工可以相互鼓励、相互帮助，共同应对职业挑战。此外，EAP 还可以与企业管理层进行沟通，反映员工的关切和需求，推动企业改善管理环境。

（6）提供资源与信息：EAP 可以为员工提供各种资源和信息支持，包括职业发展资料、行业趋势分析、培训课程等。这些信息有助于员工拓宽视野、提升自我认知和能力水平，为未来的职业发展做好准备。

（7）关注长期发展：最后，EAP 应关注员工的长期发展。通过持续的关注和支持，帮助员工建立积极的心态和健康的心理状态，为他们的职业生涯提供持久的动力和支持。

三、探寻退休人员的内心世界

当人生的列车缓缓驶向退休这一站，一种全新的生活画卷徐徐展开。曾经，在忙碌的工作岗位上，他们奉献着青春与汗水，为了梦想和责任拼搏奋斗。如今，告别了职场的喧嚣与紧张，退休人员迎来了一段属于自己的宁静时光。然而，退休并不仅仅是生活节奏的改变，更是一种心态的重大转折。从习惯了的工作模式中抽离出来，面对突然增多的闲暇时间，他们的内心世界经历着复杂的变化。有的可能感到释然与轻松，享受着久违的自由；有的或许会陷入短暂的迷茫，思考着人生新的方向；还有的则以积极乐观的心态拥抱新的生活可能，开启人生的又一段精彩旅程。

让我们一同走进退休人员的内心世界，探寻他们在这个特殊人生阶段的大心态，感受他们的感悟、思索与对生活的热爱。

| 案　例 |

李师傅是油田某二级单位的退休工人，60 岁，为人忠厚老实、热心肠、乐于助人，谁家有个维修的活，只要找到他，没有不帮忙的。最近，李师傅接连住了三次院，每次检查，医生都说各项指标都合格，没有什么问题，可为什么就是感到身体不舒服，干啥都没心情呢？最后，李师傅经人介绍走进了咨询室。

李师傅诉说自己出汗、晕眩、呼吸急促、食欲不振，胃部难受等。是否李师傅有什么心结打不开呢？咨询师先了解李师傅的情况，主动问起李师傅的生活史、最近容易回忆起的事情、经常有哪些想法，等等。李师傅从工作经历、家庭生活到子女工作，聊得很开心，“我们家族的男人们都不长寿。”这句话引起了咨询师的注意，李师傅为什么这样说？之后，双方就这个话题，进行了深入的探讨。

原来李师傅家族的男人寿命都没有超过 60 岁的，李师傅今年刚好 60 岁。自从过了 60 岁生日后，他就产生了上述的躯体化症状，家人和朋友都以为他病了，坚持送他到医院治疗。躺在医院的病床上，他有了更多的时间思考寿命问题，越想越觉得自己也过不了 60 岁这个坎儿，天天唉声叹气，想得越多越焦虑，住院一点效果也没有，反而加大了他的心理负担，控制不住的念头缠绕着这个伤感的老人。

咨询师找到了问题的症结后告诉李师傅，当出现“我也活不过 60 岁”念头时，不要阻止它，它来了就来了，不来就不来，不要刻意去想，有什么想法都没错（本部分咨询方法主要是避免负性心理暗示的强化）。咨询师答应李师傅会定期去看他。一周后，咨询师接到李师傅打来的电话，让咨询师到他家去。第一次去李师傅家的时候，咨询师根据他的症状，将他“我也活不过 60 岁”的信念设定为“从 60 岁开始，我新的生命开始”（重新设定心锚，替代原有心结）。当李师傅对咨询师的解释和分析有了初步认识和体会以后，咨询师给他进一步解释心结的根源在过去，现在事件只不过是诱因，就像一粒种子，有了适合的土壤、水分就能发芽一样，内心的害怕恐惧和过去的经历有关，这些创伤引起的恐惧情绪在脑内留下痕迹，在遇到挫折时会再现出来影响人的心理，以致用儿童的态度对待成年人看来不值得恐怖的事物，现在他已是成年人，不应当像小孩子那样认识问题了（认知情绪治疗）。

经过三次咨询，李师傅心结打开了，出汗、晕眩、呼吸急促、食欲不振、胃部难受的症状消失了，他又成了那个随叫随到的维修师傅。

1. 专家分析

“杯弓蛇影”的寓言告诉我们一个道理，心病还需用“心”医。本案例中的李师傅就是典型的“心理问题躯体化”症状。在生活中，人有时会收藏起情绪症状，以一些较为直接、易于接受的躯体症状作为主诉，使之能在医疗机构中得到药物治疗。在咨询过程中，来访者可能会提出许多不理解的问题，心理咨询师可与来访者在会见中共同讨论和解答，直到他完全理解、有了新认识为止。认识上的提高，应是心理和感情上的转变，而不仅仅是知识上的丰富。在本案例中，对于李师傅的每个问题，咨询师致力于减轻其面对具体情境产生的过度情绪反应，然后再与他一起分析讨论引起问题背后不合理认知的核心是什么，以扩大咨询的影响，使之能从更深层面上理解情绪反应和躯体症状的来由，有更多的机会确立建设性的适应模式。这个案例中的现象在生活中时有发生，很有启发性。

2. 专家支着儿

退休、离休是人生的一大转折，它预示着原来的生活习惯、人际关系、地位等将发生变化。EAP 可以运用以下方法帮助离退休人员调整自我心态，过好退休生活：

（1）助力离退休人员调整自我认识。岁月流逝，新老更替是自然规律。自我调整对保持好心态很关键。退休退职是国家照顾老年人安享晚年生活的一项好制度。在职可实现人生价值，退职后可有更多的时间干自己喜欢干的事情，实现在职时有心而无暇顾及的愿望。心理学实证证明，退休、退职后的老人其经验、技能等晶体智力达到相对高峰，再次从事一些适合自己的新事情，往往能收到意想不到的效果。

（2）帮助离退休人员避免“指挥感”。一些担任领导干部的人退职后，往往习惯性地出现“说话算数，遇事拍板”的情形。对于时政评头品足、发表议论，结果导致一些不必要的思想负担。因为时间充裕了，对于家庭和子女的生活反而有相当严重的“指挥感”，事事干预和做主，结果带来一些不必要的烦恼。相信“儿孙自有儿孙福”，相信别人会处理好自己的事情。放手让晚辈自己去处理家庭、工作的事情，自己落个清闲自在。

（3）促进离退休人员找乐趣但不盲从。离退休人员要根据自己的情况，继续学习新知识，看书读报，关心国家大事，有条件者可参加老年大学，充实自己的生活，延缓大脑的衰老，预防阿尔茨海默病的发生。发展爱好、特长、乐趣，只要可能，就去做。返聘、打工、再创业、遛弯儿、钓鱼、养花、写文章、上网、画画、旅游、帮助照顾儿女的孩子等，无论对社会还是对家庭的事，自认为不对的，可以说出，但不怒、不气、不急、不埋怨、不固执、不争吵。夫妻之间要互相体谅、有事慢慢劝说、慢慢商量、互相照顾，共度晚年。

第七章　EAP 与家庭建设

家庭建设内容较为丰富，EAP针对性地开展了多样的服务实践活动。本章内容将这样展开：第一节介绍意义和作用。第二节介绍具体的实践活动，按“由内及外”“由轻及重”的思路进行介绍。先从家庭内部，介绍较为普遍的家庭关系问题（普通问题）；之后由轻及重，介绍重大的家庭危机干涉（重大问题）；然后走出家庭范畴，介绍员工该如何平衡家庭与工作的关系；此外，我们特意增加了按时间划分的角度，针对家庭发展的不同时间阶段来介绍相应的实践内容。从时间维度分为新婚阶段、亲子教育阶段、空巢家庭阶段，涵盖了家庭发展的整个过程。第三节介绍了三个典型的家庭案例，具体展现了EAP在家庭建设中的实际作用效果。

第一节　EAP 对员工家庭建设的意义与作用

在人类社会的发展历程中，家庭一直是社会的基本单元，是情感的归宿，是生活的港湾。然而，随着社会节奏的加快和竞争的激烈，家庭面临的挑战也日益增多。如何构建和谐家庭，提升家庭成员的幸福感，已成为当今社会普遍关注的问题。

EAP 的内涵，即员工帮助计划，原本是企业为员工提供的一种系统的、长期的援助与福利项目，旨在通过专业人员对组织的诊断、建议和对员工及其直系亲属提供专业指导、培训和咨询，帮助解决员工及其家庭成员的各种心理和行为问题，提高员工在组织中的工作绩效以及改善组织气氛和管理。

如今，EAP 的理念和服务已经逐渐渗透到家庭生活的各个方面，成为助力家庭和谐、提升生活质量的重要工具。

家庭，作为社会的细胞，其稳定与和谐对于个人的心理健康、孩子的成长发展以及社会的稳定都具有重要意义。然而，在现实生活中，我们不难发现，许多家庭正面临着种种困扰和挑战。工作压力、子女教育、生活琐事、老人赡养等问题层出不穷，让许多家庭成员感到力不从心，甚至陷入焦虑、抑郁等不良情绪中。这些问题的存在，不仅影响了家庭成员的身心健康，更可能对整个家庭关系造成难以弥补的裂痕。

EAP 的引入，为家庭关系的改善和家庭成员的心理健康提供了全新的视角和解决方案。通过专业的心理咨询、家庭教育培训、亲子关系指导等服务，能够帮助家庭成员更好地认识自我、理解他人，建立健康有效的沟通方式，从而化解矛盾、增进理解，构建和谐的家庭氛围。

此外，我们还强调预防重于治疗的原则。通过定期的心理健康讲座、家庭关系研讨会等活动，能够帮助家庭成员提高心理素质，增强应对压力和挑战的能力，从而从源头上减少家庭问题的产生。

在这个充满变化和挑战的时代，我们需要用一种全新的视角和方法来审视和处理家庭关系。EAP 作为一种全新的家庭支持模式，以其独特的优势和专业的服务，正逐渐成为现代家庭不可或缺的重要资源。让我们共同期待，在 EAP 的助力下，更多的家庭能够走向和谐，充满爱与温暖。

第二节　EAP 对员工家庭建设的服务实践

一、促进家庭关系的改善

1. 如何提升家庭成员沟通

我们可以发现，家庭成员间的有效沟通是打造高质量家庭关系的关键。通过 EAP 的沟通技巧培训，家庭成员可以学会如何更好地倾听和表达自己的想法和情感，从而减少误解和冲突。

| 案　例 |

马先生和他的妻子李女士结婚多年，但近年来两人之间的沟通逐渐减少，经常发生误解。通过学习沟通技巧课程，他们学会了“我语句”来表达自己的感受和需求，而不是指责对方。例如，马先生不再说“你总是不关心我”，而是改为“我感到孤独，我希望我们能多花些时间在一起”。这种表达方式减少了指责，增加了对方的理解和接纳，从而提升了夫妻间的沟通。

总体来讲，在提升家庭成员沟通方面，EAP 工作可以开展以下活动：

倾听技巧培训：通过培训家庭成员如何有效倾听，包括保持眼神接触、不打断对方、重复对方的话语以确保理解等技巧，从而提高沟通效果。

情感表达工作坊：在工作坊中，家庭成员学习如何识别和表达自己的情感，以及如何通过非暴力沟通的方式来表达自己的需求和期望。

角色扮演与反馈：通过角色扮演的方式模拟家庭中的常见场景，让家庭成员从对方的角度思考问题，并在模拟结束后给予彼此反馈，增进相互理解。

家庭会议：定期组织家庭会议，让每个家庭成员都有机会表达自己的观点和感受，共同解决问题，增强家庭决策的透明度和参与度。

2. 如何缓解家庭压力

家庭压力往往来源于多个方面，如经济负担、职业发展、子女教育等。员工学会压力管理技巧，将在很大程度上有效应对这些压力。

压力管理的一个重要原则是认知重构，即改变对压力源的看法和态度，从而减少压力的负面影响。我们可以通过引导家庭成员进行积极的自我对话，调整心态，以更乐观、理性的方式看待生活中的挑战。

| 案　例 |

李先生因工作压力大和家庭经济负担而感到焦虑不安。在参加过几次心理咨询服务后，他学会了如何区分工作和家庭角色，以及如何在工作中设定合理的边界。同时，他还掌握了深呼吸、冥想等放松技巧，用于缓解紧张情绪。这些努力不仅减轻了李先生的个人压力，也改善了他与家人的关系。

总体来讲，在缓解家庭压力方面，EAP 工作可以用这样的形式展开：

压力评估与应对：通过专业的心理评估工具，帮助家庭成员了解自己的压力水平和应对方式。针对评估结果，提供个性化的压力管理建议，如时间管理技巧、放松训练等。

冲突解决技巧培训：组织家庭成员参加冲突解决技巧培训，学习如何有效沟通、倾听和表达自己的想法和情感。同时，教授家庭成员如何寻求共同点和妥协方案，以和平方式解决矛盾。

家庭治疗与咨询：针对家庭中的具体问题和矛盾，提供家庭治疗或咨询服务。通过专业的心理干预和引导，帮助家庭成员认清问题的本质和根源，并找到切实可行的解决方案。

建立支持网络：鼓励家庭成员建立互助支持网络，包括亲朋好友、社区资源等。在面临压力和矛盾时，能够及时寻求帮助和支持，共同应对挑战。

3. 如何增强家庭凝聚力

家庭凝聚力是指家庭成员之间的紧密联系和相互支持。我们可以应用团体动力学原理去增强家庭凝聚力。

团体动力学原理强调，一个团体的凝聚力和效率可以通过共同的目标、互动以及成员间的相互依赖来增强。将这一原理应用于家庭，意味着通过设定共同的家庭目标、参与共同的活动以及相互支持和依赖，可以增强家庭的凝聚力。

| 案　例 |

林先生一家四口，由于工作和学习的原因，家庭成员之间很少有时间共处。通过 EAP 的家庭指导，他们决定每周设定一个“家庭日”，在这一天里，全家人一起参与做饭、户外活动或观看电影等。这样的共同活动不仅增加了家庭成员间的互动，还让他们感受到了作为一个家庭的紧密联系和温暖。

总体来讲，在增强家庭凝聚力方面，EAP 工作可以用这样的形式开展：

设立共同目标：鼓励家庭成员一起讨论并设立共同的家庭目标，如健康饮食、定期旅行或学习新技能等。这些共同目标能够激发家庭成员的团结和合作精神。

组织家庭活动：定期组织家庭活动，如户外运动、烹饪比赛或家庭游戏等。这些活动能够增加家庭成员间的互动和乐趣，从而增强家庭的凝聚力。

培养积极品质：引导家庭成员发现和培养自己的积极品质，如感恩、乐观和坚韧不拔等。这些品质不仅能够帮助个人更好地应对生活中的挑战，还能够为家庭带来正能量和幸福感。

建立家庭传统：创建一些家庭传统，如每年的家庭旅行、庆祝重要日期的特定方式等。这些传统能够成为家庭成员间的共同回忆和纽带，增强家庭的凝聚力。

二、进行家庭危机干预

1. 如何应对家庭成员重大疾病等危机

家庭是社会的细胞，是每个人最温暖的避风港。然而，当家庭成员遭遇重大疾病等危机时，这个温馨的小窝也可能陷入混乱与无助。面对家庭成员重大疾病等危机，EAP 应用危机干预策略可以帮助员工应对这一问题。

危机干预理论强调在个体或家庭遭遇重大变故时，提供迅速、有效的心理支持，以减轻其心理压力，帮助其恢复正常的心理功能。家庭成员在面临重大疾病等危机时，往往会出现恐惧、焦虑、无助等负面情绪，甚至可能导致家庭关系的紧张。因此，EAP 的危机干预策略旨在通过专业的心理支持和资源整合，帮助家庭渡过难关。

| 案　例 |

李先生一家原本过着平静幸福的生活，然而，一场突如其来的重大疾病打破了这份宁静。李先生的妻子被诊断出患有癌症，需要接受长期的治疗和护理。面对高昂的医疗费用和妻子的病情，李先生感到前所未有的压力和无助。

在得知李先生的情况后，EAP 迅速介入，为其提供了全方位的支持。首先，EAP 的心理咨询师对李先生进行了心理疏导，帮助他缓解焦虑和恐惧情绪。同时，EAP 还联系了医院和社会福利机构，为李先生提供了医疗信息和经济援助。此外，还组织了一个由志愿者组成的支持小组，定期为李先生及其家人提供陪伴和关怀。

在 EAP 部门的帮助下，李先生逐渐走出了心理阴影，重拾了对生活的信心。他积极陪伴妻子接受治疗，并努力承担起家庭的责任。最终，李先生的妻子在医疗团队的精心治疗下，病情得到了有效控制，家庭也重新找回了往日的温馨与和谐。

总体来说，在应对家庭成员重大疾病方面，EAP 工作可以用这样的形式开展：

心理支持与疏导：在家庭成员面临重大疾病危机时，EAP 应首先提供心理支持与疏导。通过专业的心理咨询，帮助家庭成员缓解负面情绪，增强应对危机的心理韧性。

医疗资源整合：EAP 应积极整合医疗资源，为家庭成员提供及时、有效的医疗信息和服务，包括联系医院、医生，协助安排治疗和护理等。

经济援助与筹款：针对重大疾病带来的经济压力，EAP 可以提供经济援助信息，如医疗保险、社会福利等。同时，还可以协助家庭成员发起筹款活动，减轻经济负担。

建立支持网络：EAP 应组织志愿者、亲朋好友等力量，为家庭成员建立一个强大的支持网络。通过定期的陪伴、关怀和鼓励，帮助他们渡过难关。

后续跟踪与辅导：在危机过后，EAP 还应提供后续的跟踪与辅导服务。关注家庭成员的心理康复情况，及时发现并解决潜在的心理问题。

2. 如何处理家庭经济困难等挑战

经济压力是许多家庭都会面临的问题，而这种压力往往会对家庭成员的心理健康产生负面影响。长期的经济困难可能导致焦虑、抑郁等心理问题，甚至影响家庭关系和孩子的成长。因此，EAP 在处理家庭经济困难的策略中，不仅要提供物质上的帮助，更要注重心理上的支持。

| 案　例 |

马先生一家因公司裁员而陷入了经济困境。失去主要收入来源后，家庭的日常开支和孩子的学费都成了问题。面对巨大的经济压力，马先生和妻子都感到焦虑和无助。

EAP 部门在了解到马先生的情况后，迅速采取了行动。首先，心理咨询师对马先生和妻子进行了心理疏导，帮助他们调整心态，积极面对困境。同时，EAP 还为他们提供了职业规划和就业指导服务，帮助马先生重新找到了一份合适的工作。此外，还联系了社会福利机构和慈善组织，为马先生的孩子提供了学费减免等经济援助。

在 EAP 部门的帮助下，马先生一家逐渐走出了经济困境。他们的心态也变得更加积极和乐观，对未来充满了信心。

总体来说，在处理家庭经济困难方面，EAP 工作可以用这样的形式开展：

心理支持与情绪疏导：EAP 应首先关注家庭成员的心理健康。通过心理咨询、心理疏导等方式，帮助家庭成员缓解因经济困难而产生的焦虑、抑郁等负面情绪。

职业规划与就业指导：针对失业或收入减少的家庭成员，EAP 应提供职业规划、简历制作、面试技巧等方面的指导，帮助他们尽快重新就业，增加家庭收入。

经济援助与资源整合：可以积极整合社会资源，为家庭提供经济援助信息，如失业救济、低收入家庭补助等。同时，还可以协助家庭申请相关的社会福利和慈善援助。

家庭预算管理指导：为了帮助家庭更好地管理有限的资源，EAP 可以提供家庭预算管理方面的指导。包括如何制订预算计划、如何合理分配家庭开支等。

建立互助支持网络：可以组织有相似经历的家庭建立互助支持网络，通过分享经验、互相鼓励和支持，共同应对经济困难带来的挑战。

3. 如何解决家庭情感冲突

家庭情感冲突如夫妻之间的矛盾，或父母与子女之间的代沟，都可能对家庭氛围和成员关系造成负面影响。

家庭情感冲突往往源于沟通不畅、价值观差异、角色分配不均等多重原因。这些冲突如果得不到及时解决，可能会导致家庭关系紧张，甚至引发更严重的心理问题。因此，EAP 在解决家庭情感冲突时，应注重促进有效沟通、增进相互理解，以及协助家庭成员找到共同的解决方案。

| 案　例 |

赵先生和妻子近期因为孩子的教育方式产生了严重分歧，导致夫妻关系紧张。赵先生倾向于严格管教，而妻子则更倡导自由成长。双方各执己见，互不相让。

在 EAP 的介入下，夫妻双方首先接受了单独的心理咨询，梳理了各自的情感和需求。随后，在咨询师引导下，他们参与了家庭治疗会议，学习了有效沟通的技巧和解决问题的方法。通过坦诚地交流和协商，赵先生和妻子最终找到了一个双方都能接受的教育方式，并决定共同为孩子的成长创造一个和谐的家庭环境。

总体而言，在解决家庭情感冲突方面，EAP 工作以下列 5 种形式开展：

建立安全氛围：在解决家庭情感冲突时，EAP 首先要营造一个安全、保密的氛围，让家庭成员能够敞开心扉，坦诚地表达自己的感受和想法。

促进有效沟通：通过教授沟通技巧，如倾听、表达、反馈等，帮助家庭成员之间建立有效的沟通渠道。这有助于消除误解，增进相互理解。

明确家庭角色与责任：在冲突双方无法达成共识时，可以协助家庭成员明确各自的角色和责任，找到双方都能接受的平衡点。

提供情感支持：在解决冲突的过程中，始终为家庭成员提供情感上的支持。这有助于缓解紧张情绪，增强解决问题的信心。

引导共同解决问题：鼓励家庭成员共同参与问题的解决过程。通过引导双方寻找共同点和妥协方案，促进家庭和谐。

三、助力员工平衡工作与家庭

1. 提供时间管理与精力分配指导

在快节奏的现代生活中，有效的时间管理和精力分配对于平衡工作与家庭至关重要。员工在面临工作与家庭的双重压力时，如何高效地利用时间和分配精力是一个不小的挑战。

时间管理理论强调对时间的规划、分配和利用，以达到提高效率、降低压力的目的。而精力分配理论则关注如何在不同角色和任务之间合理分配个人的心理和生理资源，以保持最佳的工作和家庭状态。EAP 结合这两大理论，为员工提供专业的指导和支持，帮助员工更加高效地处理工作事务和家庭事务，实现工作与家庭的平衡发展。这种平衡不仅有助于提升员工的生活质量和工作满意度，还能为企业创造更加积极的工作氛围和更高的员工忠诚度。

|案　例|

王先生是一名项目经理，工作任务繁重，经常需要加班。同时，他也是两个孩子的父亲，需要花时间陪伴孩子成长。然而，他发现自己经常陷入工作和家庭的冲突中，感到疲惫不堪。

在 EAP 的帮助下，王先生开始学习时间管理和精力分配的技巧。他学会了如何制订合理的工作计划，将工作任务分解成小块，并设定明确的完成时间。同时，他也学会了如何在工作之余合理安排家庭时间，确保有足够的时间陪伴孩子。

经过一段时间的实践，王先生发现自己的工作效率提高了，家庭关系也变得更加和谐。他感慨地说："以前我总是觉得时间不够用，现在通过 EAP 的指导，我学会了如何高效地利用时间，工作和生活都变得更加有条理了。"

EAP 的具体操作步骤如下：

自我评估与目标设定：员工首先需要进行自我评估，明确自己在时间管理和精力分配方面的优势和不足。根据评估结果，设定明确的时间管理和精力分配目标。例如，减少加班时间、提高工作效率、增加与家人的互动时间等。

制订个性化计划：在 EAP 的指导下，员工可以根据自己的实际情况制订个性化的时间管理计划。这包括合理安排工作时间、设置工作优先级、规划家庭活动等。同时，员工也需要制订精力分配计划，确保在不同角色和任务之间合理分配精力。例如，在工作时全神贯注，回到家后则尽量放松身心，陪伴家人。

执行与调整：员工按照制订的计划执行，并在实践中不断调整和优化。例如，根据工作任务的紧急程度和重要性调整工作时间表，或者根据家庭成员的需求和期望调整家庭活动安排。在执行过程中，员工需要保持灵活性和适应性，以应对可能出现的变化和挑战。

持续学习与反馈：EAP 提供持续的学习资源和支持，帮助员工不断提高时间管理和精力分配的能力。这包括在线课程、工作坊、讲座等。员工也需要定期回顾自己的进步和不足，并向 EAP 提供反馈。这有助于 EAP 不断优化服务项目，更好地满足员工的需求。

2. 协助处理工作对家庭的影响

工作与家庭的冲突是组织行为学和心理学领域研究的热点。当工作压力渗透到家庭生活中时，它可能导致家庭成员间的紧张关系和不良的心理状态。EAP 的作用在于通过专业的干预，减少这种冲突，提升员工及其家庭成员的生活质量，实现工作与家庭的和谐共存。企业也能因此受益，因为平衡的员工更有可能保持高效的工作状态和积极的工作态度。

|案　例|

张女士是一名销售经理，经常需要出差和应对高强度的工作压力。这导致她在家中的时间变得非常有限，与丈夫和孩子的关系也逐渐出现裂痕。

在参与 EAP 项目后，张女士开始接受专业的指导。EAP 专家帮助她识别了工作压力对家庭生活的具体影响，并提供了一系列应对策略。这些策略包括如何在家中创造高质量的家庭时间，如何与家人沟通自己的工作情况，以及如何设置工作与家庭的界限。

几个月后，张女士发现她与家人的关系得到了显著改善。丈夫和孩子更加理解她的工作状况，而她也在家中学会了放松和享受与家人在一起的时光。

EAP 的具体操作步骤如下：

识别工作压力源：员工首先需要识别工作中的主要压力源，这可以是工作量过大、截止日期紧迫或是人际关系问题等。通过与 EAP 专家的交流，员工可以更清晰地认识到这些压力是如何影响到自己的家庭生活的。

制订应对策略：指导员工制订个性化的应对策略。这可能包括时间管理技巧，放松练习以及与家人的有效沟通方法等。员工还可以学习如何设置工作与家庭的明确界限，避免把工作情绪和压力带回家中。

实践并调整策略：员工在日常工作和家庭生活中实践这些策略，并根据实际情况进行调整。EAP 提供持续的支持和反馈，帮助员工不断优化应对策略，确保其有效性。

增强家庭支持网络：EAP 还可以涉及家庭成员，通过家庭工作坊或咨询会议，增强家庭成员对员工工作的理解和支持。这有助于建立一个更加支持和理解员工工作的家庭环境。

定期评估与跟进：员工需要定期评估自己的工作与家庭平衡状况，以及实施策略的效果。EAP 将定期跟进员工的进展，并提供必要的支持和建议。

3. 促进家庭对员工工作的支持

家庭支持对员工的工作至关重要。当家庭成员理解和支持员工的工作时，员工能够更加专注于工作，减少后顾之忧。EAP 通过提供家庭支持服务，帮助员工增强家庭与工作之间的正向联系，从而提升员工的工作满意度和绩效。

| 案 例 |

赵先生是一名软件开发工程师，经常需要加班应对紧急项目。起初，他的妻子对他的工作节奏感到不满，两人因此产生了不少矛盾。

在 EAP 的引导下，赵先生和妻子一起参加了家庭工作坊活动。在活动中，他们了解了彼此的工作和生活压力，并学习了如何更好地支持对方。通过角色扮演、沟通技巧训练等环节，两人增进了理解和信任。

活动结束后，赵先生的妻子对他的工作表示了更多的理解和支持。她在家中承担了更多的家务，让赵先生能够更专心地投入工作。赵先生也感受到了家庭的温暖和支持，工作效率和质量都有了显著提升。

总体来说，从促进家庭对员工工作支持方面，EAP 工作可以用以下 6 种形式开展：

开展家庭工作坊活动：邀请员工及其家庭成员参加家庭工作坊活动，通过互动游戏、角色扮演等方式增进彼此之间的了解和信任。引导家庭成员了解员工的工作性质和压力来源，并学习如何提供有效的支持。

组织家庭日活动：让员工及其家庭成员共同参与，增强家庭凝聚力。在活动中设置与工作相关的环节，让家庭成员亲身体验员工的工作环境和挑战。

实施家庭咨询服务：提供家庭咨询服务，帮助员工解决家庭与工作之间的冲突和问题。咨询师可以针对员工家庭的具体情况，提供个性化的建议和解决方案。

建立家庭支持网络：鼓励员工之间建立家庭支持网络，分享彼此的经验和资源。通过线上或线下平台，提供家庭支持相关的信息和资讯，帮助员工及其家庭成员更好地应对挑战。

定期评估与反馈：定期评估家庭支持服务的效果，收集员工及其家庭成员的反馈意见。根据评估结果，不断优化服务项目和内容，以满足员工及其家庭的实际需求。

四、针对家庭发展不同阶段的应用

家庭，经历着从形成到发展再到成熟的不同阶段。在每个阶段，家庭成员都面临着不同的挑战和需求。在这部分内容中，我们将详细探讨 EAP 在家庭发展的各个阶段如何发挥作用，包括新婚阶段、亲子教育阶段、空巢家庭阶段。通过了解这些阶段家庭成员可能面临的问题，以及 EAP 如何提供有效的解决方案，我们可以更好地理解 EAP 在家庭生活中的重要性和应用价值。

1. 新婚家庭阶段

新婚家庭阶段是家庭生命周期的起始阶段，这一时期夫妻双方正在适应新的生活状态，建立共同的生活规则和期望。夫妻双方都在适应新的角色和身份。在这一阶段，EAP 可以通过提供婚姻咨询和沟通技巧培训，帮助夫妻双方建立健康的沟通模式和亲密关系，从而为家庭的稳固打下坚实的基础。

新婚家庭阶段，夫妻双方需要面对角色的转变和适应，从独立的个体转变为共同承担家庭责任的伴侣。这一阶段，新婚夫妇可能会遇到沟通不畅、价值观差异、家务分配不均等问题，这些问题如果处理不当，可能会引发家庭矛盾，影响夫妻关系。

| 案　例 |

李先生和杨女士是一对新婚夫妇。婚后不久，他们发现彼此在生活习惯、消费观念等方面存在较大差异，这导致他们经常因为一些小事发生争吵。随着时间的推移，这些争吵逐渐升级，影响了他们的夫妻关系。

在朋友的推荐下，他们决定寻求 EAP 的帮助。咨询师首先对他们进行了深入的访谈，了解了他们的问题所在。随后为他们提供了一系列的咨询服务，包括沟通技巧培训、家庭价值观探讨等。通过这些服务，李先生和杨女士学会了如何更有效地沟通，理解并尊重彼此的差异。他们的夫妻关系得到了明显的改善，家庭氛围也变得更加和谐。

EAP 的具体操作步骤如下：

深入了解新婚家庭的需求和问题：咨询师通过与新婚夫妇的深入交流，了解他们在家庭生活中遇到的具体问题和挑战。这包括但不限于沟通障碍、家务分配不均、经济压力等。通过了解问题的根源，咨询师可以为新婚夫妇提供更加精准的帮助。

提供个性化的咨询服务：根据新婚夫妇的具体需求，咨询师应提供个性化的咨询服务。这可以包括沟通技巧培训、家庭关系指导、心理压力疏导等。通过这些服务，帮助新婚夫妇建立有效的沟通机制，解决家庭矛盾，提升家庭生活的幸福感。

沟通技巧培训：针对新婚夫妇在沟通方面存在的问题，咨询师可以提供沟通技巧培训。通过教授倾听、表达、反馈等沟通技巧，帮助新婚夫妇更好地理解和支持对方。

家庭关系指导：针对新婚夫妇在家庭关系方面存在的问题，咨询师可以提供家庭关系指导。通过探讨家庭价值观、角色定位等议题，帮助新婚夫妇建立和谐的家庭关系。

心理压力疏导：新婚阶段，夫妻双方可能会面临来自工作、生活等多方面的压力。咨询师可以提供心理压力疏导服务，帮助新婚夫妇有效应对压力，保持心理健康。

定期跟进与评估：为了确保 EAP 服务的效果，咨询师应定期跟进新婚夫妇的情况，了解他们的进展和反馈。也可以根据新婚夫妇的实际情况，推荐他们参加相关的家庭活动或课程，以进一步提升他们的家庭生活质量。

建立家庭支持网络：除了提供专业的咨询服务外，EAP 还可以帮助新婚夫妇建立家庭支持网络。这包括引导他们加入相关的家庭支持团体或社区组织，以便在遇到困难时能够得到及时的帮助和支持。通过建立家庭支持网络，新婚夫妇可以更好地应对生活中的挑战和压力。

2. 亲子教育阶段

随着家庭进入育儿阶段，新的挑战和变化接踵而至。孩子的到来不仅改变了家庭结构，也给夫妻双方带来了更多的责任和期待。这一阶段，父母面临着教育孩子的挑战和压力。EAP 可以提供育儿知识讲座、亲子沟通技巧培训以及亲子关系指导等服务，帮助父母更好地应对亲子教育过程中的困惑和问题，促进孩子的健康成长。

亲子教育阶段是家庭生命周期中的一个关键时期，这一时期的特点是家庭成员的增加和家庭角色的转变。夫妻双方需要适应新的家庭结构，承担起父母教育的责任和义务。

然而，这个过程中可能会遇到诸多问题，如孩子的健康与教育、亲子关系的调整、夫妻关系的调整等。这些问题如果处理不当，可能会对家庭成员的心理健康和家庭关系造成不良影响。

EAP 在这一阶段的作用是通过提供心理咨询、亲子教育指导、家庭关系协调等服务，帮助家庭成员应对亲子教育过程中的挑战，稳定发展亲子关系，提升家庭的幸福感和凝聚力。

每个孩子都是不一样的，家长也各有各的需求。这就需要 EAP 的专业人员学会根据员工家庭的具体情况，提供个性化的解决方案，从而确保家庭关系的和谐。

| 案　例 |

马先生和刘女士是一对年轻的父母。他们的儿子小明 8 岁，上小学二年级。孩子上学后，马先生和刘女士发现自己在亲子教育方面遇到了诸多挑战。小明性格较为脆弱，爱哭，遇到困难爱逃避，在学习和做事上比较拖延。另外，孩子晚上也睡不好觉，这让他们感到疲惫不堪。同时，他们也在如何教育孩子、平衡工作与家庭等方面感到迷茫和困惑。

在朋友的推荐下，他们决定寻求 EAP 的帮助。EAP 的专业人员首先对他们进行了详细的访谈，了解了他们的问题和需求。随后，EAP 为他们提供了一系列的咨询服务，包括亲子沟通技巧培训、儿童心理发展指导、家庭与工作平衡策略等。

通过 EAP 的帮助，马先生和刘女士看到了自己身上的一些问题，学会了减少自己的焦虑、保持情绪稳定，学会了如何积极关注孩子，学会了从情感上回应孩子的正确方法，从而提升了孩子的安全感。小明的情绪稳定后，他的睡眠质量也得到了改善。同时，家长也了解了儿童心理发展的特点，学会了如何根据小明的年龄段进行合适的教育引导。

此外，EAP 还帮助他们制订了合理的工作与家庭平衡策略，使他们能够在照顾孩子学习的同时，也能保持工作的效率和个人的发展。

经过一段时间的努力，马先生和刘女士发现小明的行为变得更加独立、规范，情绪也更加稳定。他们自己也感到更加轻松和自信，家庭关系也变得更加和谐融洽。

在亲子教育阶段，EAP 的应用可以遵循以下操作步骤，以确保服务的有效性和针对性：

全面评估家庭需求：应首先与家长进行深入交流，全面了解他们在亲子教育过程中遇到的具体问题和挑战。这包括孩子的健康状况、心理状态、亲子关系质量、教育需求、家庭与工作的平衡等方面。通过详细的评估，可以准确把握家庭的实际需求，为后续的服务提供有力的依据。

提供定制化服务方案：根据评估结果，为家庭提供定制化的服务方案。一般包括三个方面。

（1）亲子教育技巧培训：针对家长在教育过程中遇到的具体问题，如亲子沟通、情绪关注、行为管理、学习习惯培养等，提供实用的技巧和方法。这有助于家长更好地照顾和教育孩子，减轻育儿压力。

（2）儿童心理发展指导：根据孩子的年龄段和心理发展特点，为家长提供专业的指导建议。这包括如何促进孩子的认知能力、情感表达和社会技能等方面的发展，帮助孩子建立健康的人格和心理状态。

（3）家庭与工作平衡策略：针对家长在平衡家庭与工作方面遇到的困难，提供有效的解决方案。这可以包括时间管理技巧、职业发展规划、家庭支持网络建设等方面的建议，帮助家长在照顾家庭的同时，也能保持个人的职业发展和生活品质。

建立持续跟踪与反馈机制：为了确保效果，应建立持续的跟踪与反馈机制。可以定期与家长进行沟通，了解服务方案的实施情况，并根据家长的反馈及时调整服务内容。同时，EAP 专员还可以关注孩子的成长变化，为家长提供持续的支持和建议。

加强家庭内部沟通与协作：亲子教育阶段的挑战之一是夫妻双方在教育观念和方法上可能存在差异。咨询师可以引导夫妻双方加强内部沟通与协作，共同制订教育计划和目标。通过增进彼此的理解和信任，夫妻双方可以更加默契地配合，为孩子创造一个和谐稳定的家庭环境。

整合社会资源，拓展家庭支持网络：可以帮助育儿家庭整合社会资源，拓展家庭支持网络。这包括引导家长加入相关的育儿社群或组织，以便与其他家长交流经验和心得。同时，还可以为家长推荐可靠的托儿所、早教机构等资源，以满足孩子在成长过程中的多样化需求。

3. 空巢家庭阶段

随着孩子长大成人、离家求学或工作，家庭进入空巢阶段。这一阶段，父母面临着孩子独立后的心理调适、生活重心转移以及未来规划等问题。可以说，空巢家庭阶段是家庭生命周期中的一个重要转折点。

空巢家庭阶段，父母需要适应孩子离家后的生活变化，这包括家庭角色的调整、情感支持的重新寻找以及生活方式的改变等。这一阶段，父母可能会感到失落、孤独，甚至对未来感到迷茫。

针对这些问题，EAP 可以提供心理咨询、生活规划、社交活动组织等服务，帮助空巢家庭的父母更好地应对这一阶段的变化和挑战，实现平稳过渡，适应新的生活阶段，重新找回生活的目标和意义。这不仅有助于提升他们的生活质量，还能为社会的和谐稳定作出贡献。

|案　例|

陈先生和黄女士是一对中年夫妇，他们的独生女儿去年大学毕业后搬出去住了。女儿离家后，他们感到家里变得空荡荡的，生活也失去了往日的忙碌和充实。两人开始感到有些失落和迷茫，不知道该如何安排自己的晚年生活。

后来，他们参加了 EAP 提供的空巢家庭支持小组。在小组中，他们遇到了其他有相似经历的夫妇，大家互相分享彼此的感受和经验。咨询师还为他们提供了心理咨询和生活规划服务，帮助他们重新审视自己的生活目标和价值观。

通过 EAP 的帮助，陈先生和黄女士逐渐走出了失落的阴影。他们开始尝试新的爱好和兴趣，如旅游、摄影等，还加入了一些社交团体，结识了新的朋友。他们的生活变得更加丰富多彩，心态也变得更加年轻和活跃。

在空巢家庭阶段，EAP 的应用可以遵循以下操作步骤，以确保服务的有效性和针对性：

开展心理调适辅导：针对空巢家庭父母可能出现的失落、孤独等情绪问题，EAP 应提供专业的心理咨询和调适辅导。通过引导父母正视孩子独立的事实，帮助他们调整心态，接受并适应新的家庭状态。

制订生活规划与目标：咨询师应与空巢家庭父母一起制订新的生活规划和目标。这可以包括重新安排日常生活、尝试新的兴趣爱好、规划旅行或学习新技能等。通过设定明确的目标和计划，帮助父母找到新的生活动力和方向。

组织社交活动与团体：为了缓解空巢家庭父母的孤独感，EAP 可以组织各种社交活动和团体，如兴趣小组、运动会、讲座等。这些活动不仅可以帮助父母结交新朋友，还能丰富他们的精神生活，提升幸福感。

提供家庭关系与亲子沟通指导：虽然孩子已经独立，但家庭关系和亲子沟通仍然重要。EAP 可以提供相关的指导，帮助父母与孩子保持联系，建立良好的亲子关系。同时，也可以引导父母关注彼此的需求和感受，维护和谐的夫妻关系。

关注健康与养生：随着年龄的增长，空巢家庭父母的健康问题逐渐凸显。EAP 可以提供健康与养生的知识和指导，帮助他们建立良好的生活习惯，预防疾病，保持身体健康。

第三节　典型案例分析

一、为什么孩子对我不耐烦

|案　例|

55 岁的杨女士带着自己 21 岁的女儿走进了 EAP 心理咨询室，诉说起了自己的烦恼。

杨女士经常觉得女儿与她说话时的态度不好，表情也凶巴巴的，有时多说女儿两句，女儿就不耐烦，为此她很伤心。女儿在一旁也觉得很委屈，什么事都顺着母亲，母亲平时也是个通情达理、勤快善良的人，可就是脾气急，特别是说话时说不准哪句话不对口味，就不高兴了。

“我们现在来做个游戏吧。”咨询师对母女俩提议。

两人很痛快地答应。咨询师给母女俩分别交代了一个任务，母亲的任务是：用任何理由，向女儿提一个要求；女儿的任务是：拒绝对方的任何要求。

首先，让两人背对背地坐着，母亲用不自然、生硬、命令的口气对身后的女儿说：“我想吃酸菜鱼，你做给我吃吧。”

“不做。”女儿毫不迟疑地拒绝，语调语气中含有一种明显的抗拒。

母亲的脸上立马流露出疑惑和愤愤的表情。

沉默，紧张的空气在蔓延。

“好，我听到您是这样说的。”咨询师模仿母亲当时的语气、语调说了一遍那句话。

“哦？我的语气是这样的啊。”母亲吃惊地说。

接下来，让双方换姿势，面对面坐着，看着对方的眼睛，继续刚才的话题。

“我想吃酸菜鱼，你做给我吃吧。”母亲看着女儿，用平和的语气问道。

“不想做，有啥好吃的。”女儿迟疑地回应，眼神左右游离。接下来，让双方再次换姿势，面对面坐着，看着对方的眼睛，膝盖碰触膝盖，手拉着手继续刚才的话题。

“我想吃酸菜鱼，你做给我吃吧。”妈妈语气缓和地说。

“不想做，这几天有点累，过两天再做吧。”女儿带着歉意、微笑着说。

经过三次不同方式的交流后，两人分享当时的感受，女儿说随着交流姿势的改变，拒绝的话越来越难说出口了。

母亲说第一次提要求，被拒绝又看不到对方的表情时，感到失望、气愤，同时也感觉到自己的语气太生硬，后两次虽然也被拒绝，但负面的情绪越来越少。

咨询师说：“情绪是可以传染的，自己传递出去的如果是冷漠、生硬，对方的反应会跟随自己的语言、态度而冷漠、生硬；传递出去的如果是尊重，得到的回应就是尊重和理解。”

母亲一开始用生硬、命令的语调跟女儿说话，使沟通的气氛紧张而不愉快，当母亲对语调有所觉察后，平缓的语调改善了沟通的效果。

“嗯，真的是这样。”母亲频频点头说，脸上露出了笑容。

过了一周，杨女士联系咨询师，说不光自己的心情有了改变，还帮助别人解决了烦恼，心里别提多高兴了。

杨女士说：“那天我看到赵阿姨与老伴拌嘴，赵阿姨大声地埋怨老伴不给她买喜欢吃的小葱，还数落着老伴从不关心自己。我用自己的体验提醒赵阿姨说话的语调和语气，第二天赵阿姨高兴地拉着我的手激动地说：“谢谢老大姐，老伴还真的去给我买了小葱。””

1. 专家分析

心理学研究表明，畅通的沟通，其内容只占沟通效果的7%，其他的93%是由语调和肢体语言决定的。这也吻合了生活中我们常说的“不在于你说什么，而在于你怎么说”。

同样的一句话，因为语调的不同，传递给对方的感觉会截然不同，甚至会造成误会和不快。语调部分属于潜意识控制的领域，不易被察觉，所谓“当局者迷，旁观者清”，直到别人提醒当事人的语气和情绪的时候，当事人才会恍然大悟。

同样，对沟通效果产生很大影响的还有肢体语言，也是通过潜意识层面进行的，故而不易被察觉。杨女士与女儿面对面、有肢体语言的交流比背对背的交流方式好了很多就是例证。

说话的内容与其语调和肢体语言表达的信息不一致，或者是说没有意识到自

己语调、语气所传达的信息等，正是杨女士不明白为什么女儿总是对她的要求表现出不耐烦的原因。

2. 专家支着儿

沟通是一种能力，也是可以经过训练和觉察进行提升的，相信这个实例会让想改善沟通效果的人有所反思，并作出有效尝试。日常工作生活中，我们一般会对自己要说的话字斟句酌，但很少注意到自己的语气、语调和肢体语言，而沟通效果恰恰更多是由我们不注意的这一部分决定的。

建议 A：为了提升沟通效果，要注意自己说话的语调。经常做自我察觉，设想一下，自己表达时，语调会带给对方什么感受。

建议 B：沟通时，我们要学会常规的肢体语言表达，如表情、头部动作、眼部动作、手部动作等。在沟通的过程中，我们会更倾向于接受表情、语调和肢体语言等所传达的信息，并做出相应的回馈。

建议 C：再具体一点，在两人沟通场景下，我们除了采用常规肢体语言之外，还可以采用以下沟通技巧，比如位置上避免对立、目光保持经常的接触、表情应配合说话内容而变化、保持笑容、掌心向上的手势等。

二、丈夫总是很懒，我该怎么办

| 案　例 |

来访者杨女士 31 岁，是油田某单位员工。丈夫马先生 32 岁，身体健康，在油田某单位机关工作，他们有一个 7 岁的女儿，上二年级了。

近两年，每到周末，马先生都会以累为由拒绝外出活动，整天躺在沙发上看电视，话都懒得说，这使得家庭的气氛十分沉闷无趣。作为妻子的杨女士对此很不满，经常抱怨马先生懒，躺着不活动，对自己的身体也不利，致使夫妻关系紧张。上周末又因此事闹意见，两人一周都不说话了。杨女士为此很苦恼，随后便来到 EAP 咨询室。

咨询师问：“单位每年组织的体检马先生参加了吗？”

杨女士答道：“参加了。”

咨询师问：“结果怎么样？”

杨女士答道：“都挺好的，没有什么异常状况。”

咨询师问：“这两年他的工作压力大吗？你们家有什么大的压力吗？”

杨女士答道：“他的能力足以应对工作，没多大压力，我们家也没什么大的压力。他就是懒。”

由此，咨询师了解到马先生的身体健康状况良好，排除身体疾病的影响；了解马先生各方面也比较顺利，排除社会因素的影响。

咨询师通过上述了解，判断马先生属于假性疲劳症，在吸引他人的照顾，建议杨女士改变以往的指责和抱怨的做法。在马先生躺在沙发上的时候，给他做三件事：帮他调好他想看的电视频道、给他盖上被子、端上一杯热茶。

杨女士很诧异："这样可以吗?"

咨询师说："一个人不能控制另一个人，也不能改变另一个人，每个人可以改变的只有自己。在某些情况下，这份改变也许能诱使对方做出改变。"

杨女士说："我的改变能使他改变吗?"

咨询师说："你可以试试看。"

杨女士说："可是我说的也没错，他一整天躺着，确实对身体也不好。"

咨询师说："在婚姻中有一个杀手是坚持'我是对的'，把你认为的对错，与你的婚姻关系相比较，看看哪个更重要，这是只有你才能决定的事情，别人无法批评或左右。"

杨女士说："我看他那懒样儿，就生气。"

咨询师说："在每一件事上坚持'我是对的'的人，婚姻关系不会良好，只要除了两三点绝对不能放松的要求外，在所有其他的事上降低你的标准。就算他的做法不是最好，只要符合最低的标准便接受，这是给他空间和爱的表现，尤其是他在别人面前的表现不符合你的理想的时候，你应给他支持而不是做第一个批评的人。"

杨女士沉默了。

六个月后，杨女士打来电话。电话中传来了愉快的笑声，语速也一改往日的急躁而变得缓和了。她说喜欢现在的家庭氛围，轻松而愉快，马先生也有了很大改变。

刚开始，杨女士在马先生"疲劳"的时候，对他照顾得无微不至，一个月后，马先生被照顾的"不好意思"了，就慢慢开始主动做一些家务。再后来，到了周末，他都主动提出带家人出去逛街或爬山。现在两个人的感情很好，平日里从周一到周五，一家三口上班的上班，上学的上学；一到周末，一家人经常去少年宫或逛商场。谁能想到不久之前这个家里充斥着与现在截然不同的氛围……

可见潜意识的愿望被满足，可以产生如此强大的改变力量。

1. 专家分析

从精神分析的角度看，当一个人身体健康又没做什么事情或只做了很少的事情，就有很大的疲劳感，那就是问题。这个问题的背后隐藏着当事人自己都不知道的一个"阴谋"：吸引他人的照顾。

没有做太多事情，意味着没有在外在的事件上消耗太多的能量，但疲劳的主观感觉显示，能量实际上已经被大大消耗了。逻辑推理的结果就是，能量一定消耗在内在的精神和躯体活动上了。对易疲乏者深入的心理分析显示，他们内心希望跟他人发展关系，但是却缺乏以成人的方式发展正常关系的能力，所以就不自觉地显示自己被动的、弱小的、孩子气的那一面，从而建立他已经习惯了的“疲乏者-照顾者”关系模式。这种关系的原始状态，其实就是“婴儿-母亲”的关系。

经常跟易疲劳者打交道，容易被激起两种相反的情感：一是怜惜，然后就自然而然有照顾的行为，从深层心理学来说，这表明易疲劳者有很大的“勾引照顾”的能力；二是愤怒，这显示照顾者的潜意识已经隐隐觉察到自己“上当受骗”，并且开始反击了，就像杨女士一样，对马先生充满了抱怨、指责。

2. 专家支着儿

建议A：正确看待“懒”。人有了疲劳，才会懒。无论假性疲劳，还是真性疲劳，无论是在潜意识中让人照顾的“疲劳”，还是投身到外在的积极活动中产生疲劳，两种做法反正都是耗能的。但是，后一种耗能状态，显然要更加“阳光”一些，而且更富有活力。有创造性的外在活动之后的真正疲乏，可以直接促使体魄健康，还可以提升一个人的自我价值与尊严。

建议B：学会正确地识别假性疲劳，宽容待人，可以营造和谐家庭氛围。

建议C：“我是对的”是婚姻关系中的杀手，当我们意识到它的存在时，做一些改变，是可以解决问题的。

三、不想长大的孩子

| 案　例 |

小文，今年8岁，上小学二年级。由于爸爸妈妈工作繁忙，小文从小由爷爷奶奶代养。爷爷奶奶都是油田退休职工，他们对孙子爱不释手，衣食住样样精心。奶奶照顾得很周到，事事帮助孩子动手；爷爷溺爱孩子，要什么就买，不要也买，吃的用的总是最好的。在教育孩子的问题上，爷爷奶奶也不放松，他们要求孩子也很严格，教育孩子诚实、遵守纪律、礼貌待人、做事认真等。

小文上学后，他做事认真、努力，特别听话，学习也好。老师们都喜欢他。但他在学校却过得并不快乐。他做操时，动作不太协调，做值日连笤帚都不会用，跑步经常摔跤，因此经常会被同学议论。下课后，同学们玩时，自卑的他只是在旁边看着。当他被同学们欺负的时候，他也不会告状。这些问题，老师和家长都没有注意到。

有一次，班里组织小组竞赛，因为他所在的小组没有拿到第一名，同学们都埋怨他。下课后，他哭了，还自己打自己的脸，嘴里不停地说着：“叫你笨，该打！该打！”

同学们发现后去叫老师。老师安慰他说："你不笨！只是现在比同学慢一点，长大点就好了。"他哭着对老师说："老师，我是笨，很长时间了，我自己知道。"

在家里，家长发现小文的脾气也越来越急。放学回家就要吃饭，吃不上就叫喊，对面楼都能听得见。

奶奶有时气极了就说："不听话就不要你了。"他还会不停闹下去，直到筋疲力尽地睡着。可是，到了学校，他却从来不敢向老师同学发脾气，他对老师说："我不想长大，想回幼儿园里去。"

老师把这些情况反馈给爷爷奶奶，老人感觉到非常焦虑。后来，老人带孩子到 EAP 咨询室来进行咨询。

咨询师了解情况后，跟小文的爷爷奶奶做了解释工作，并建议老人联系孩子的父母来参与咨询。

咨询师给了小文的父母很多建议，首先建议孩子离开爷爷奶奶，由爸爸妈妈亲自抚养。同时，教了父母与孩子建立亲子关系的各种技巧，并用心理疏导和家庭行为疗法，逐步将小文的社会化能力恢复到他应该的生理年龄。

在咨询师的指导下，家长和学校老师积极配合，通过三个月的努力，小文的情况有了明显改善：在家爱劳动了，增强了动手能力，不再那么急躁；在学校也不哭了，变得比以前坚强，学习优秀，交了几个好朋友，逐渐融入集体中。

1. 专家分析

小文的情况，是一个很典型的退行反应，严重阻碍了孩子的社会化进程。

所谓退行，就是一种被自我用来防止焦虑的防御机制。通俗讲，就是焦虑使人退回到要求少、相对安全的行为发展早期阶段，比如童年阶段。

退行的实质，是孩子面对新的问题，没有建立起新的行为反应模式。正如孩子所说的，他不想长大，想回到幼儿园去，这是他真实的内心表达。

一直以来，小文在爷爷奶奶的精心呵护下生活，因为在家里，他如鱼得水。而到了学校里，他到处都遇到克服不了的困难。爷爷奶奶只知道倾其所有让孩子享受，而不知道教孩子如何和别人建立关系。所以，小文几乎彻底被家庭化了，难以出门与社会融合。受挫后，他本能的会往回缩，希望回到那个不用负责任，没有竞争，处处有人照顾的幼儿园时代。

另外，孩子的退行和父母的缺席也有很大的关系。孩子的成长，首先是通过父母的言传身教，潜移默化地把一些社会规范、社会生活技能以及价值要求教给孩子，使其接受影响。小文的爷爷奶奶并不懂得这一点，而他真正的父母也没有这个意识，以致出现了的这样的问题，后续让小文这样的孩子跟上社会化的步伐，需要父母花费很大精力。家长必须有耐心，因为补课比学新课要难得多。

2. 专家支着儿

咨询师告诉小文的父母亲自抚养孩子的重要性，并教授了很多亲子技巧。

建议 A：咨询师首先告诉小文父母退行现象比较普遍，没有什么可怕的。然后帮助父母和孩子建立亲子关系。在日常生活中，家长要多陪伴孩子，拉近与孩子的距离。家长应在忙碌的工作之余做好时间管理，每天至少抽出半个小时的时间与孩子共处，陪伴孩子，听他说说心里话，建立良好的亲子依恋、信任关系。这是最核心的心理支持，会大大提升孩子的心理能量。

建议 B：咨询师告诉家长，要尝试培养孩子在社会上生存的一般能力，从而逐渐减少对家长的依赖，比如，教小文做一些力所能及的家务活。当孩子完成时，立即给予具体的回馈，可以是一个拥抱或微笑。另外，赞扬时不要只讲他成功的部分，而应多提及他不怕困难的努力过程，做到适度赞美，提高信心，走出自卑。

建议 C：家长要鼓励孩子在学校多交朋友，多参加集体活动，提高小文的社会交往能力。因为只有在真实的关系中，在与同学相处的过程中，孩子才能逐步了解到与人相处的方法和火候，这比家长苦口婆心的教育要有效得多。

建议 D：家长要学习亲子沟通的技巧，懂得在日常生活中如何疏导孩子的压力。疏导孩子最好的方式，就是让孩子有宣泄压力的通道。家长要学着引导孩子表达出心里的想法，并接纳孩子的情绪。当孩子生气或哭闹时，不要压抑或责骂他，让孩子用语言表达出来，不要把不愉快的情绪憋在心里。当孩子愿意表达时，家长要愿意花时间倾听孩子的心声。有了倾听的对象，孩子就有舒缓压力的渠道。

第八章　文化传承与EAP发展

中华优秀传统文化是中华五千年文明智慧的结晶，它包含了哲学思想、伦理道德、语言文字、文学艺术等多方面内容，具有丰富的人文精神和社会价值。本章首先探讨了文化与文化自信的重要性及其内涵，指出文化是国家和民族的精神家园，体现了其价值取向和道德规范。随后讨论了传统文化与EAP之间的内在联系，两者结合有助于构建更具包容性的职场环境，提高员工的工作表现和生活质量。

接着，提出了中华优秀传统文化传承与发展的具体策略，如教育普及、家庭教育、媒体传播等，旨在增强国民的文化自信，促进社会和谐与发展。强调通过创新发展，将传统文化与现代科技手段相结合，不仅能够更好地传承和发展中华优秀传统文化，还能为世界文化多样性作出贡献。

最后面向未来，随着信息化、智能化的不断发展，职场心理健康需求升级，EAP将呈现数字化与个性化的趋势。在技术融合方面，人工智能与大数据分析将优化服务精准度，实现从心理健康评估到干预方案的全流程智能化；在服务边界拓展方面，企业将更注重员工家庭平衡、职业发展等综合性需求，推动EAP与人力资源管理的深度整合，同时驱动行业向专业化、标准化方向演进。

第一节　文化与文化自信

一、文化的定义与内涵意义

文化是一个国家、一个民族的精神家园，体现着一个国家、一个民族的价值取向、道德规范、思想风貌及行为特征。文化兴国运兴，文化强民族强，没有高度的文化自信，没有文化的繁荣兴盛，就没有中华民族伟大复兴。

根据《辞海》对文化的解释，可以分为广义和狭义的理解：

广义：指人类在社会历史实践中所创造的物质财富和精神财富的总和。

狭义：指社会的意识形态以及与之相适应的制度和组织机构。

由此可见，广义的文化注重人类所有的活动，包含了物质和精神两个层面的人类活动中所体现的成果，更注重的是“人文化”的理解。广义的文化，着眼于人类与一般动物、人类社会与自然界的本质区别，凡是人类有意识地作用于自然界和社会的一切活动及其结果，都属于文化。

而狭义的文化则更加注重人类文明发展过程中所积淀的精神层面的财富，而这个层面有我们熟知的，比如社会意识、社会制度、政治体制，等等。狭义的文化，排除人类物质创造活动及其结果，专注于精神创造活动及其结果。

思维和行为，这是我们日用而不觉刻在我们骨子里面，流淌在我们血液中，却不知不觉。而这种日用而不觉的东西就是我们文化与其他文化的一个根本区别。什么才是日用而不觉？那就是文化，文化具有潜意识，是潜移默化的潜意识或者叫集体潜意识，不是集体无意识。对于我们中国人而言，集体潜意识潜在于我们每一个中国人的灵魂当中。

二、文化自信的概念与内涵

习近平总书记指出：“我们说要坚定中国特色社会主义道路自信、理论自信、制度自信，说到底是要坚定文化自信。文化自信是更基本、更深沉、更持久的力量。”[1]

文化自信是建立在对自身文化的正确认识和把握基础上的，是一个民族、一个国家以及一个政党对自身文化价值的充分肯定和积极践行，并对其文化的生命力持有的坚定信心。

---

[1] 2016 年 5 月 17 日，习近平在哲学社会科学工作座谈会上的讲话。

先秦圣贤老子有句名言叫作“自知者明”，自己了解自己才是真正的明白通透。如果我们对自己的文化不了解、不理解，读不懂、看不明白，也讲不清楚，那就是没有自知之明。也只有在对中华文化有自知之明的基础上，并对其发展历程和未来有充分的认识，这就是文化自信。

“任何文化要立得住、行得远，要有引领力、凝聚力、塑造力、辐射力，就必须有自己的主体性。中国共产党历来重视文化，新时代我们在道路自信、理论自信、制度自信的基础上增加了文化自信。文化自信就来自我们的文化主体性。”❶

三、文化自信的根源

我们文化自信的根源在哪里？作为一个中国人，我们文化自信根源究竟是什么？2019年，习近平总书记在《求是》杂志发表文章指出：“中国特色社会主义文化，源自中华民族5000多年文明历史所孕育的中华优秀传统文化，熔铸于党领导人民在革命、建设、改革中创造的革命文化和社会主义先进文化，植根于中国特色社会主义伟大实践。”❷

因此，离开了实践，我们去谈文化、谈历史，就会很容易陷入文化虚无主义和历史虚无主义当中。

“我们生而为中国人，最根本的是我们有中国人的独特精神世界，有百姓日用而不觉的价值观。”❸

第二节　中华优秀传统文化的基本内涵

传统文化是指一个国家或民族在漫长的历史发展过程中积累下来的文化遗产，它涵盖了广泛的内容，是该民族精神特质和社会生活方式的重要体现。中华优秀传统文化尤其丰富多样，尤以儒、道两家对中国影响最大，它们基本的文化内涵包括：

哲学思想：儒家和道家思想体系构成了中国传统文化的核心部分。其中儒家提倡“仁爱”“礼仪”，从人类的社会属性出发，强调人在社会群体生活中所应遵从的思想和行为；而道家则主张“无为”“自然”，是抛弃了以人类为中心，以更广阔的视角去融入天地自然。

---

❶2023年6月2日，习近平在文化传承发展座谈会上的讲话。

❷《求是》杂志2019年6月16日第12期，中共中央总书记、国家主席、中央军委主席习近平文章《坚定文化自信，建设社会主义文化强国》。

❸习近平2014年5月考察北京大学时的讲话。

伦理道德：中国传统文化中以儒家思想为代表，更加注重伦理道德，强调孝敬长辈、友爱兄弟、诚实守信等。这些伦理观念深深影响了中国人的行为规范和社会秩序，成为中国人千百年来潜移默化日用而不觉的伦理道德体系。

语言文字：汉字不仅是书写工具，也是一种独特的艺术形式。汉语及其方言也是传统文化的重要组成部分，承载着丰富的历史文化信息。

文学艺术：诗词歌赋、小说戏曲等文学作品以及书法、绘画、雕塑、音乐、舞蹈等艺术形式。例如，唐诗、宋词、元曲、小说，等等，这些都是中国传统文化的艺术结晶，反映了各个时代人民的生活情感和审美追求。

风俗习惯：包括各种节庆活动、民间信仰、饮食习惯、服饰特色等。春节、中秋节等传统节日以及各种地方性的庆祝活动，都是传承文化的重要载体。

科学技术：中国古代在天文历法、医学、农业技术等方面有着卓越成就，如四大发明(造纸术、印刷术、火药、指南针)更是对世界文明产生了深远的影响。

教育思想：中国自古以来就非常重视教育，“学而优则仕，仕而优则学”的观念深入人心。科举制度虽然已经被废除，但它对中国古代社会结构和个人价值取向的影响是不可忽视的。

社会结构：家族制度、宗族观念在中国传统文化中占有重要地位，强调血缘关系的重要性，并以此为基础形成了一系列的社会规范和行为准则。

中华优秀传统文化是中华民族的精神家园，它不仅塑造了中国人独特的生活方式和思维方式，也为世界文化多样性作出了贡献。在全球化的今天，如何保护和传承优秀传统文化，使其更好地服务于现代社会，是一个重要的议题。

第三节　传统文化与 EAP

一、传统文化与 EAP 的内在联系

一个是历史悠久的文化遗产，另一个则是现代职场中的一个概念——EAP（Employee Assistance Program，员工帮助计划）。传统文化与 EAP 这两个看似不同的领域，如何产生内在联系？

传统文化指的是一个民族或地区长期历史发展中形成并保留下来的文化形式，包括但不限于语言、文字、文学、艺术、习俗、节日、宗教信仰等。这些文化元素往往深深植根于社会的各个层面，并且在一定程度上影响着人们的世界观、人生观、价值观以及思维方式和行为方式，等等。

EAP 则是一种企业提供的服务项目，旨在帮助员工解决个人问题，如心理健

康、家庭问题、法律纠纷等，从而提高员工的工作表现和生活质量。EAP 通常包括咨询服务、培训和支持性资源。

将传统文化与 EAP 联系起来，可以从以下几个方面考虑：

文化敏感性：EAP 服务需要对不同文化背景下的员工保持敏感性和适应性，这是由文化差异所造成的。不同的文化背景一定会存在着不一样的文化认同，从而产生对 EAP 的认可度与接受度的差异。

传统智慧的应用：中华优秀传统文化中同样包含了处理人际关系、情绪管理和生活压力的传统智慧。这些智慧可以通过多种形式融入 EAP 的培训和咨询过程中，使之更加贴近员工的文化认同感。

节日和纪念日：利用传统文化中的节日和纪念日作为契机，组织相关活动来增强团队凝聚力，同时也可以让员工感受到公司对他们文化背景的尊重和认可。

心理健康意识：通过教育和培训提高员工对于心理健康的认识，并且鼓励他们利用中华优秀传统文化中的积极因素促进自我调节和心理平衡。

传统文化与 EAP 之间的融合不仅能够帮助构建更具包容性和多元化的职场环境，还能够有效地提升员工的整体绩效。

二、传统文化和 EAP 要解决的问题

1. 认知、思想与行为

以应用心理学为支撑的 EAP 服务体系和中华优秀传统文化所要解答的一个重大命题就是认知。

认知、思想和行为三者之间存在着密切的联系，它们相互影响，构成了人类心理活动和社会行为的基础。下面是对这三者之间逻辑关系的一个简要说明。

认知。认知是指个体获取、处理和使用信息的能力。它包括了感知、记忆、思考、理解和解决问题等过程。认知是思想形成的基础，人们通过对环境的观察、学习和经验积累构建自己对外部世界的认识。

思想。思想是在认知的基础上形成的内在观念和理念。它是个人对于事物的看法、态度和信念的集合体。思想受个人的经验、教育背景、社会文化等因素的影响，并反过来指导着认知的方向和深度。

行为。行为是个体在特定情境下所采取的行动。它是由认知和思想共同决定的结果。人们基于对自己所处环境的认知以及内心的思想观念，做出相应的决策，并最终转化为具体的行动。

2. 三者之间的逻辑关系

认知影响思想：一个人的认知水平决定了他能形成什么样的思想体系。如果一个人能够接触到更广泛的信息，并且具备批判性思维能力，那么他就有可能发

展出更为成熟的思想。

思想指导行为：人们的行为受到自身思想观念的指导。例如，一个人如果持有环保的理念，那么他在日常生活中就可能选择减少使用一次性塑料制品。

行为反馈认知：行为的结果又会反过来影响认知。当一个人实施了某种行为之后，他会根据行为的结果来调整自己对事物的认识。如果上述例子中的环保行为带来了积极的变化，那么这个个体可能会进一步强化自己的环保意识。

因而，认知、思想和行为三者之间形成了一个闭环的互动过程。在这个过程中，认知提供了基础，思想起到了中介作用，而行为则是最终的输出。每一环节的变化都会影响到其他两个环节，从而导致整体的变化和发展。理解这种关系有助于我们更好地认识自我，促进个人成长和社会和谐。

3. 认知与“三观”

人类要解决思想和行为的问题首先就是要解决认知偏差，我们可以把它直接地理解为“三观”的认知，即世界观、人生观和价值观。

在讨论传统文化中的“三观”时，通常指的是人们在社会生活中形成的世界观、人生观和价值观。这三个方面共同构成了一个人的思想意识体系，也反映了一个民族或文化圈的基本态度和信念。以下是关于这“三观”的具体解释。

世界观：

（1）世界观是个体对于世界的总体看法和根本观点，包括自然界、人类社会以及人与自然的关系等方面的认识。

（2）在中国传统文化中，世界观深受儒家的“天人合一”思想、道家的“道法自然”理念的影响。这些哲学思想强调人与自然的和谐共存，认为宇宙间的一切事物都遵循一定的规律运行。

人生观：

（1）人生观是个体对人生意义、目的及生活态度的看法。

（2）受儒家“修身齐家治国平天下”的理想影响，中国传统文化中的人生观重视个人修养的提升，强调家庭责任、社会责任，追求实现个人价值的同时为社会作出贡献。

（3）道家则倡导顺应自然、无为而治的生活态度，达到内心的平静与平衡。

价值观：

（1）价值观是个体或群体关于什么是好的、有价值的判断标准。

（2）传统文化的价值观深受儒家思想的影响，强调“仁爱”“礼仪”“忠孝”等道德品质，认为良好的德行是为人处世的根本。

（3）道家主张的简朴生活、内心宁静也被视为一种高尚的价值追求，同样是中国传统文化价值体系的一部分。

这“三观”在中华优秀传统文化中相互交织、互相影响，共同塑造了中华民族独特的文化性格和精神面貌。它们不仅指导着个体的行为选择，也影响着整个社会的风气和国家的发展方向。

“中国优秀传统文化，领导干部也要学，以学益智，以学修身。中国传统文化博大精深，学习和掌握其中的各种思想精华，对树立正确的世界观、人生观、价值观很有益处。”❶

从传统文化中寻找解决认知问题的方法，可以借鉴其中蕴含的智慧和实践技巧。传统文化提供了丰富的经验和教训，可以帮助我们更好地理解和处理认知偏差。

第四节　中华优秀传统文化的独特标识

“中国优秀传统思想文化体现着中华民族世世代代在生产生活中形成和传承的世界观、人生观、价值观、审美观等，其中最核心的内容已经成为中华民族最基本的文化基因，是中华民族和中国人民在修齐治平、尊时守位、知常达变、开物成务、建功立业过程中逐渐形成的有别于其他民族的独特标识。”❷

习近平总书记指出，中华优秀传统文化是中华民族独特的标识，非常精辟地阐明这个标识的独特之处就来自“修齐治平、尊时守位、知常达变、开物成务、建功立业”五个方面的中华文化的特质，这也是中华优秀传统文化有别于世界其他文化的根本之处。

我们寻其根源，必定会找到这五个特质的来龙去脉，去追溯中国文化的优秀传统和不朽的根脉。

一、修齐治平

这四个字最早出自春秋战国时期曾子所著《大学》：“物格而后知至，知至而后意诚，意诚而后心正，心正而后身修，身修而后家齐，家齐而后国治，国治而后天下平。”

在我们中国人的骨子里、血脉中，从来都有着不可磨灭的家国情怀，从来都是把个人的修养成长与家、国、天下紧密地联系在一起的。同时，这也是我们中华传统人生观与价值观的直接体现。

❶习近平在中央党校建校 80 周年庆祝大会暨 2013 年春季学期开学典礼上的讲话。

❷习近平：《从延续民族文化血脉中开拓前进 推进各种文明交流交融互学互鉴》，《人民日报》[2014-09-25]。

我们讲马克思主义中国化时代化，就是马克思主义在中国找到它可以深耕的中华优秀传统文化的这一方沃土，马克思主义揭示了人类社会发展的普遍规律，从历史和辩证的角度指出了人类社会发展的必由之路。

同样，我们的文化把个人和家、国、天下合为一体，不也正体现了马克思主义的世界观、人生观和价值观吗？离开群体和社会空谈个人修养与成就就很容易陷入虚无主义的泥潭而难以自拔。《论语》记载，子贡曰："如有博施于民而能济众，何如？可谓仁乎？"子曰："何事于仁，必也圣乎！尧舜其犹病诸！夫仁者，己欲立而立人，己欲达而达人。能近取譬，可谓仁之方也已。"儒家思想以孔子为代表，他们是理想的现实主义，他们更关注人文社会的发展，从人的社会属性出发分析人的价值。

北宋理学先驱张载有着著名的"横渠四句"："为天地立心，为生民立命，为往圣继绝学，为万世开太平。"千百年来，我们的文化从未断流，不断指引和激励着我们这个民族追寻着"万世太平"的理想和信念。而中国共产党人的初心和使命不就是为中国人民谋幸福，为中华民族谋复兴吗？这也完全契合了我们文化中的家国情怀、心系天下的使命感和责任感。

纵观世界文明的发展，有哪一种文明和文化又如我们的文化一般如此大气磅礴？又有哪一个政党如中国共产党一般敢为天下先？是西方的海洋文明，还是欧亚大陆的游牧文明？抑或是他们的哪一个政党？他们是不会把最广大人民的意愿和理想作为自己的理想和奋斗目标，因为他们没有像我们一样的文化土壤。

二、尊时守位

"尊时守位"决不能简单地理解为遵农时守本位。

在我们传统文化中有一部经典被奉为"群经之首""群经之根"，万世师表孔子为其注解十篇，这就是我们今天看到的《易经》。可以说《易经》在传统文化中是源头是根本，诸子百家都能在《易经》中寻其根源。

《易经·乾卦》六爻，所展示的其实就是人生的规划，各个发展阶段的目标定位，基本上按照六个阶段或者是六个时间段来划分。

而孔子在《易经·乾卦》的彖[tuàn]辞中，是这样来解释乾卦的："大哉乾元，万物资始，乃统天。云行雨施，品物流形。大明终始，六位时成。时乘六龙以御天。乾道变化，各正性命，保合大(同'太')和，乃利贞。首出庶物，万国咸宁。"

彻悟人生、规划人生，在六个时间阶段上顺时而成，如此来驾驭自己的人生。这实际上就是在揭示一个人生发展的规律，而这个规律需要我们每一个人好好地遵循和把握，掌握了这个规律也就掌握了人生，而不是随遇而安庸庸碌碌地虚度人生。

那么我们再来理解“尊时守位”的内涵，不就与《易经·乾卦》对人生的发展与规划完全契合了吗？世世代代的中华儿女不都是在遵循着如此规律，生生不息、不断发展、不断革新的吗？“尊时”其实就是尊重生命彻悟人生，正视和顺应生命产生、发展和消亡这一不可违背的规律；“守位”就是坚守正位、正道，坚定人生目标与价值。

每一个生命的个体不断汇聚，汇聚成我们中华民族的民族气质和内在本性，从而成为不断推动中华民族向前发展、不断创新的不竭动力和思想渊源，也是在“尊时守位”的过程中不断完善着我们这个民族的精神家园。

三千年前，我们的先贤就已经对人生有了最为朴素和唯物的理解，在这个系统中，没有神、没有鬼，也没有天定人命，他(周文王)告诫我们，生命是自由的，生命是自我掌控的，所以中华儿女也在追求独立、追求自由、追求真理的过程中积淀了不朽的革命精神。因此，毛主席说：“人民，只有人民，才是创造世界历史的动力。”

三、知常达变

有了“尊时守位”，那么“知常达变”也就好理解了。我们也完全可以从《易经》中找到答案，这个答案其实就是《易经》为我们阐释的人生的规律、事物发展的规律。

“知常”就是要求我们学习、遵循和掌握所谓的常理，也就是亘古不变的规律。马克思主义哲学就阐释过事物发展的规律，就是发生、发展和消亡，然后再发生、再发展、再消亡，如此循环往复螺旋上升。而《易经》不也是在阐释着相同的规律和不断演进发展变化的道理吗？

“达变”就是要在遵循和掌握根本规律的基础之上通达求变，不断革新、不断创造。人类社会每一次社会制度的变革、每一次科学技术的创新飞跃都逃脱不了社会发展的规律、人类认知和改造世界的规律。

我们的文化中，自古就有探究生命本意、探究宇宙起源、探究发展规律的精神，我们的文化也是在这个过程中不断演进发展，不断推陈出新。一部中国革命史，也正是展示中国人民革故鼎新、救亡图强、追求真理和自由平等的、刻在中国人骨子里的探索精神和革命精神的伟大实践。

四、开物成务

“开物成务”这个可以直接在《易经》中找到出处。《易经·系辞》中这样记述：“夫《易》开物成务，冒天下之道，如斯而已者也。”“开物”通晓明达事物发展变化的规律。“成务”成就事务，获得成功。

孔子指出，《易经》其实就是要懂得和掌握事物发展的规律，在实践中不断完善，从而达到成就事业的结果。《易经》其实就是天下大道的统领，因为它揭示了人类社会最朴素、最本质的规律。这是孔子对《易经》最为概括最为精辟的总结。

“开物成务”正是体现了中华民族善于发现规律、善于在规律中寻找成功的经验，也是在这个发现规律运用规律的过程中不断探索和创新，并且不断地按照民族的意愿发展创造。

就比如我们的四大发明，指南针、火药、造纸术、活字印刷术，都为人类和世界的发展增添了动力，这四大发明哪一个不是在总结规律的基础上创新创造的呢？

五、建功立业

“建功立业”最早出自北宋文学家苏轼《上两制书》：“古之圣贤建功立业，兴利捍患，至于百工小事之事皆有可观。”

何以建功立业呢？建功立业是人生价值的体现，是重于泰山还是轻于鸿毛？是碌碌无为还是轰轰烈烈？这也是我们每一个人都在思考的问题。

我们的传统文化告诉我们，人可以平凡但绝不能平庸。既然，人民是创造世界历史的动力，在人类认识世界改造世界的过程中，每一个人都是汇聚这个动力的一分子。

苏轼就很好地解读了建功立业的深刻内涵，建功立业不在于做事的大小，而在于格局的高低。圣贤的建功立业不外乎就是“兴利捍患”，也就是兴利国利民之事，摈弃民之祸患国之忧患，这是圣贤要做的事，也是圣贤成就功业的基础和根本。而对于黎民百姓、士农工商、各行各业而言，我们追求的功业又在哪里呢？

苏轼告诫我们“百工小事之事皆有可观”，就是以小见大，哪怕是最小的事情、最不起眼的工作，只要我们尽心竭力把事情做好，做到极致，同样也是建功立业，同样也值得尊重、值得敬畏。

“一个人能力有大小，但只要有这点精神，就是一个高尚的人，一个纯粹的人，一个有道德的人，一个脱离了低级趣味的人，一个有益于人民的人。”❶一个人、一名共产党员，只要他具备了全心全意为人民服务的精神，那就是他自我价值的最大体现，也就是自我成就的最高境界，也就是我们所追求的建功立业。

中华优秀传统文化，是五千多年来中华民族思想和智慧的结晶。“只有立足波澜壮阔的中华五千多年文明史，才能真正理解中国道路的历史必然、文化内涵与独特优势。”❷

---

❶毛泽东《纪念白求恩》。

❷2023 年 6 月 2 日，习近平在文化传承发展座谈会上的讲话。

"只有全面深入了解中华文明的历史，才能更有效地推动中华优秀传统文化创造性转化、创新性发展，更有力地推进中国特色社会主义文化建设，建设中华民族现代文明。"❶

第五节　中华优秀传统文化的传承与发展

自信才能自强。有文化自信的民族，才能立得住、站得稳、行得远。中华文明历经数千年而绵延不绝、迭遭忧患而经久不衰，这是人类文明的奇迹，也是我们自信的底气。

开放包容始终是文明发展的活力来源，也是文化自信的显著标志。中华文明的博大气象，就得益于中华文化自古以来开放的姿态、包容的胸怀。

对文化建设来说，守正才能不迷失自我、不迷失方向，创新才能把握时代、引领时代。

传承中华优秀传统文化是一项系统工程，需要从多个角度入手，结合时代特点进行创新与发展。以下是一些建议。

教育普及：在学校教育中加强传统文化的教学，将其融入语文、历史、美术等课程之中，让学生从小接触并了解传统文化。开展传统文化主题的课外活动，如书法、国画、京剧、茶艺等兴趣小组，激发学生的学习兴趣。

家庭教育：家长应该成为孩子的第一任老师，通过日常生活中的言行举止传递传统文化的价值观。利用节假日和传统节日的机会，举办家庭聚会，讲述节日背后的故事和意义，让孩子体验传统习俗。

员工培训：培训作为员工职业教育和成长的福利项目，可在其中有目的地植入中华优秀传统文化的培训教学内容，更好地为员工提供丰富的文化生活。

媒体传播：利用电视、广播、网络等媒介，制作更多弘扬传统文化的节目和内容，增加公众对传统文化的了解。发挥新媒体的作用，比如通过短视频、直播等形式展示传统技艺、文化活动等，吸引年轻一代的关注。

社区活动：社区可以定期举办各类文化活动，如书法展览、民乐演奏会、民俗文化节等，营造浓厚的文化氛围。组织老年人讲述自己的经历，分享老一辈人的生活智慧和传统故事，让年轻一代从中学习。

非物质文化遗产保护：支持非物质文化遗产的保护工作，记录和保存那些濒临失传的手工艺、表演艺术等。对于具有特殊价值的文化遗产，政府可以提供政

❶2023 年 6 月 2 日，习近平在文化传承发展座谈会上的讲话。

策和资金支持，确保其得到有效保护和传承。

国际交流：通过国际文化交流活动，向世界展示中华文化的魅力，增进各国人民对中国文化的理解。鼓励留学生在国外传播中国文化，让他们成为中华文化走向世界的使者。

创新发展：结合现代科技手段，如虚拟现实（VR）、增强现实（AR）等，创新传统文化的表现形式，使之更加贴近当代人的生活。推动传统文化与现代产业相结合，开发文化创意产品和服务，让传统文化成为推动经济发展的一股力量。

通过上述多种途径的努力，可以使中华优秀传统文化得到有效地传承和发展，不仅能够增强国民的文化自信，也能促进文化的多样性，为世界文化宝库增添光彩。

与此同时，对中华优秀传统文化的传承与发展也为 EAP 工作开辟了更为广阔的空间，也更加符合中国的国情和民情，从而增强 EAP 工作的自信心和自豪感。

第六节　EAP 的未来发展

EAP 作为现代企业组织管理中的重要一环，其发展趋势正随着时代的变迁和技术的进步而不断变化。这里重点探讨 EAP 的未来发展方向、面向未来的服务形式转变，以及 AI 科技在 EAP 中的应用前景。

一、面向未来的 EAP 服务方向

随着社会的快速发展和技术的不断进步，EAP 服务的形式也需要不断创新和改变。传统的心理服务模式往往以面对面的咨询为主，但这种形式在快节奏的现代生活中可能显得过于烦琐和耗时。因此，EAP 需要快速跟成熟的技术结合，尤其是面对年轻人这一群体时，必须采用更加新颖、便捷的服务方式，以吸引他们积极参与。

软硬结合是 EAP 未来服务方向的一个重要趋势。硬件方面，可以利用现代化的通信工具和互联网平台，提供在线心理咨询、视频咨询等远程服务；软件方面，则可以结合心理学理论和实践，开发出更加科学、有效的心理干预方案。通过软硬结合，EAP 能够打破时间和空间的限制，为员工提供更加灵活、便捷的心理服务。

二、未来 EAP 发展指南：融入员工整体健康福利服务

EAP 作为组织服务的重要项目，其目标不仅是解决员工的心理问题，还要关注员工的整体健康福利。未来，EAP 将更加注重与企业的健康福利计划相结合，

为员工提供全方位的健康支持。这包括身体健康、心理健康、社交健康等多个方面，旨在提高员工的综合幸福感和工作满意度。

AI 科技的发展将为 EAP 提供新的助力。AI 技术可以应用于 EAP 服务的多个环节，如智能评估、个性化咨询建议、情绪监测等。通过 AI 技术的辅助，EAP 能够更加精准地了解员工的心理状态和需求，提供更加个性化的服务方案。同时，AI 技术还可以提高和扩大 EAP 服务的效率和覆盖面，使更多的员工能够受益于这一项目。

三、AI 科技应用：趋势展望与价值平衡

在 EAP 服务智能化转型的浪潮中，AI 技术正以迅猛之势重塑行业生态。中国信通院数据显示，2024 年已有超 80%的 EAP 服务商布局 AI 应用，且未来几年，AI 在 EAP 领域的渗透率有望以每年 20%~30%的速度增长。这种快速渗透，不仅源于 AI 技术本身的飞速发展，更反映了企业对提升 EAP 服务效率、精准度和覆盖范围的迫切需求。在这一背景下，AI 在 EAP 服务中的应用呈现出三大核心趋势。

1. 多模态评估的精准化与场景适配

AI 驱动的多模态评估体系，正逐步成为 EAP 服务精准化的关键支撑。传统心理评估主要依赖量表，存在主观性强、信息维度单一等局限。而借助先进的 AI 算法，如今的评估系统能够整合多源数据。例如，通过分析员工办公软件中的邮件语义，可洞察其工作压力与情绪状态；利用会议声纹识别技术，捕捉员工在团队协作中的情绪变化；结合工位行为轨迹数据，评估员工的工作倦怠程度等。

未来，这一趋势将朝着更加场景化、精细化的方向发展。在高压的金融行业，依据中国科学院心理研究所与社会科学文献出版社联合发布的《心理健康蓝皮书：中国国民心理健康发展报告（2023—2024）》（以下简称《心理健康蓝皮书》），工作时间超过 10 小时者抑郁风险较高，AI 评估系统便可实时监测交易员在市场波动期间的情绪稳定性，提前预警因情绪失控导致的操作风险；在互联网企业，针对高强度项目开发周期，精准识别员工的压力积累节点与倦怠风险。

2. 个性化干预的智能化与人文融合

从“千人一面”到“一人一策”，个性化干预是 AI 为 EAP 服务带来的重大变革。基于大数据与机器学习算法，AI 能够为每位员工量身定制心理支持方案。以大五人格模型为基础，结合员工日常行为数据、生理指标（如心率变异性反应的压力水平），AI 系统可精准判断员工的心理需求。例如，对于高神经质、低外向性的员工，可能更适合一对一的线上心理咨询服务；而对于高开放性、高尽责

性的员工，提供定制化的心理成长课程或许更为有效。

在执行层面，“数字教练”模式正逐渐兴起。通过自然语言处理技术，AI 化身 24 小时在线的心理陪伴者，以对话形式为员工提供实时心理疏导。当员工遭遇工作挫折情绪低落时，AI 数字教练能及时给予安慰，并基于海量案例库，提供针对性的应对策略与建议。《心理健康蓝皮书》显示，每周运动频率越高，抑郁风险越低，AI 可据此为员工推荐个性化运动方案，实现“营养-心理”双调节。

不过，在追求智能化的同时，人文关怀的温度不能缺失。AI 个性化干预方网上案需保留人工审核环节，由专业心理咨询师把关，避免“算法决定论”。

3. 伦理治理的体系化与全球协同

随着 AI 在 EAP 领域的深度应用，伦理风险防控成为行业发展的重中之重。数据隐私泄露、算法偏见、过度依赖 AI 决策等风险日益凸显。对此，我国已构建起较为完善的伦理治理体系。同时，建立“人文防火墙”机制，当 AI 判断员工心理风险达到危机阈值时，立即启动人工干预流程，保障员工生命安全。

从全球视角看，中国的伦理治理实践正成为国际参考范例。世界卫生组织（WHO）《卫生健康领域人工智能伦理与治理指南》强调，AI 在心理健康领域的应用需遵循保护人类自主性、促进公共利益等六项原则，中国的伦理审查机制与数据分类管理实践为全球提供了可借鉴的范本。目前，已有多个国家借鉴中国经验，构建起涵盖数据主权、算法透明、人工干预兜底的三重保障体系，推动全球 AI 为 EAP 服务在安全、合规的轨道上发展。

综上所述，EAP 的发展趋势将更加注重本土化建设、服务形式的创新和改变，以及 AI 科技的应用。通过不断适应员工的需求和时代的发展，EAP 将为企业和员工提供更加全面、有效的心理支持和服务。